教育部　财政部中等职业学校教师素质提高计划成果
金融事务专业师资培训包开发项目(LBZD058)

金融事务专业教学法

Jinrong ShiWu Zhuanye Jiaoxuefa

教育部　财政部　组编
朱孟楠　主编
宗彩云　执行主编

中国财政经济出版社

图书在版编目（CIP）数据

金融事务专业教学法/朱孟楠主编．—北京：中国财政经济出版社，2011.9

教育部、财政部中等职业学校教师素质提高计划成果 金融事务专业师资培训包开发项目．LBZD058

ISBN 978-7-5095-3061-0

Ⅰ．①金… Ⅱ．①朱… Ⅲ．①金融学-教学法-中等专业学校-师资培训-教材 Ⅳ．①F830-42

中国版本图书馆 CIP 数据核字（2011）第 171129 号

责任编辑：付克华　　责任校对：张　凡

封面设计：陈　瑶　　版式设计：董生萍

内容提要

本书是教育部和财政部“中等职业学校教师素质提高计划”中“金融事务专业师资培训包开发项目（LBZD058）”的成果之一，汇编了当前金融事务专业教学的特点以及各种金融事务专业教学方法的应用。主要介绍了任务驱动教学法、角色扮演教学法、案例教学法、项目教学法、模拟仿真教学法和引导文教学法在金融事务专业教学中的应用。围绕当前中职学生的特点、金融事务专业的教学和教材内容以及教学环境，分析了各种教学法的适用性。

本书可用于中等职业学校金融事务专业教师提高教学水平的培训指导用书，也可以作为各级金融事务专业教师培训的指导与参考用书。

中国财政经济出版社出版

URL：http：//www.cfeph.cn

E-mail：cfeph @ cfeph.cn

社址：北京市海淀区阜成路甲 28 号　邮政编码：100142

营销中心电话：88190406　北京财经书店电话：64033436　84041336

北京牛山世兴印刷厂印刷　各地新华书店经销

787×1092 毫米　16 开　7.75 印张　175 000 字

2011 年 12 月第 1 版　2011 年 12 月北京第 1 次印刷

定价：19.00 元

ISBN 978-7-5095-3061-0/F·2596

（图书出现印装问题，本社负责调换）

质量投诉电话：010-88190744

教育部 财政部中等职业学校教师素质提高计划成果
系列丛书

金融事务专业师资培训包开发项目(LBZD058)

项目牵头单位 厦门大学
项 目 负 责 人 朱孟楠

出版说明

根据2005年全国职业教育工作会议精神和《国务院关于大力发展职业教育的决定》（国发［2005］35号），教育部、财政部2006年12月印发了《关于实施中等职业学校教师素质提高计划的意见》（教职成［2006］13号），决定“十一五”期间中央财政投入5亿元用于实施中等职业学校师资队伍建设相关项目。其中，安排4 000万元，支持39个培训工作基础好、相关学科优势明显的全国重点建设职教师资培养培训基地牵头，联合有关高等学校、职业学校、行业企业，共同开发中等职业学校重点专业师资培训方案、课程和教材（以下简称“培训包项目”）。

经过四年多的努力，培训包项目取得了丰富成果。一是开发了中等职业学校70个专业的教师培训包，内容包括专业教师的教学能力标准、培训方案、专业核心课程教材、专业教学法教材和培训质量评价指标体系5方面成果。二是开发了中等职业学校校长资格培训、提高培训和高级研修3个校长培训包，内容包括校长岗位职责和能力标准、培训方案、培训教材、培训质量评价指标体系4方面成果。三是取得了7项职教师资公共基础研究成果，内容包括中等职业学校德育课教师、职业指导和心理健康教育教师培训方案、培训教材，教师培训项目体系、教师资格制度、教师培训教育类公共课程、职业教育教学法和现代教育技术、教师培训网站建设等课程教材、政策研究、制度设计和信息平台等。上述成果，共整理汇编出300多本正式出版物。

培训包项目的实施具有如下特点：一是系统设计框架。项目成果涵盖了从标准、方案到教材、评价的一整套内容，成果之间紧密衔接。同时，针对职教师资队伍建设的基础性问题，设计了专门的公共基础研究课题。二是坚持调研先行。项目承担单位进行了3 000多次调研，深度访谈2 000多次，发放问卷200多万份，调研范围覆盖了70多个行业和全国所有省（区、市），收集了大量翔实的一手数据和材料，为提高成果的科学性奠定了坚实基础。三是多方广泛参与。在39个项目牵头单位组织下，另有110多所国内外高等学校和科研机构、260多个行业企业、36个政府管理部门、277所职业院校参加了开发工作，参与研发人员2 100多人，形成了政府、学校、行业、企业和科研机构共同参与的研发模式。四是突出职教特色。项目成果打破学科体系，根据职业学校教学特点，结合产业发展实际，将行动导向、工作过程系统化、任务驱动等理念应用到项目开发中，体现了职教师资培训内容和方式方法的特殊性。五是研究实践并进。几年来，项目承担单位在职业学校进行了 1 000 多次成果试验。阶段性成果形成后，在中等职业学校专业骨干教师国家级培训、省级培训、企业实践等活动中先行试用，不断总结经验、修改完善，提高了项目成果的针对性、应用性。六是严格过程管理。两部成立了专家指导委员会和项目管理办公室，在项目实施过程中先后组织研讨、培训和推进会近 30 次，来自职业教育办学、研究和管理一线的数十位领导、专家和实践工作者对成果进行了严格把关，确保了项目开发的正确方向。

作为“十一五”期间教育部、财政部实施的中等职业学校教师素质提高计划的重要内容，培训包项目的实施及所取得的成果，对于进一步完善职业教育师资培养培训体系，推动职教师资培训工作的科学化、规范化具有基础性和开创性意义。这一系列成果，既是职教师资培养培训机构开展教师培训活动的专门教材，也是职业学校教师在职自学的重要读物，同时也将为各级职业教育管理部门加强和改进职教教师管理和培训工作提供有益借鉴。希望各级教育行政部门、职教师资培训机构和职业学校要充分利用好这些成果。

为了高质量完成项目开发任务，全体项目承担单位和项目开发人员付出了巨大努力，中等职业学校教师素质提高计划专家指导委员会、项目管理办公室及相关方面的专家和同志投入了大量心血，承担出版任务的 11 家出版社开展了富有成效的工作。在此，我们一并表示衷心的感谢！

编写委员会

2011 年 10 月

前言

中职学校金融事务专业师资培训包开发项目，由厦门大学经济学院金融系组织申报，通过有关专家评选后得到了教育部、财政部专项资金资助。项目于 2007 年 11 月底开始立项，由厦门大学经济学院副院长、博士生导师朱孟楠教授担任项目课题组组长，原厦门大学经济学院金融系主任杜朝运教授（现为泉州经贸职业技术学院院长）、金融系副主任陈善昂副教授担任副组长。课题组成立后，组建了研究团队，展开了广泛的调研，在此基础上进行了为期三年的研究，并通过了项目专家组的中期和终期论证，最终保质保量地完成了以下主要研究成果：

（1）教材《金融事务专业教师教学能力标准、培训方案和培训质量评价指标体系》。本书由朱孟楠教授担任主编，厦门大学经济学院金融系副教授喻海燕博士、金融系杜朝运教授担任执行主编。喻海燕副教授负责能力标准的制定，杜朝运教授负责培训质量评价指标体系的设计，宗彩云老师负责培训方案的设计。

（2）核心教材《商业银行综合柜员业务与服务》。由朱孟楠教授担任主编，由厦门大学经济学院金融系喻海燕副教授担任执行主编。参与本教材编写的骨干教师包括：上海经济管理学校杨静讲师、王峥讲师、许罗英讲师负责项目一和项目二的撰写；厦门大学经济学院金融系喻海燕副教授负责项目三的撰写；北京商贸学校何冯虚高级讲师、王宇讲师负责项目四的撰写；上海商业会计学校李小可高级讲师负责项目五的撰写；上海商业会计学校汪正干高级讲师负责项目六的撰写；广西银行学校许棣高级讲师负责项目七的撰写。

（3）核心教材《证券代理咨询业务与服务》。由朱孟楠教授担任主编，厦门大学经济学院金融系陈善昂副教授、厦门工商旅游学校陈爱华老师担任执行主编。项目一、项目二由陈爱华老师编写，项目三由广西银行学校廖玲玲等老师编写，项目四由国泰君安证券研究所王俊辉等编写。

（4）核心教材《保险代理业务与服务》。由朱孟楠教授任主编，厦门大学经济学院金融系杜朝运教授、赵正堂副教授担任执行主编。

（5）教材《金融事务专业教学法》。本书由朱孟楠教授担任主编，由厦门工商旅游学校宗彩云高级讲师担任执行主编。各章作者分别为：北京商贸学校何冯虚高级讲师（第 1、5

章），宗彩云高级讲师（第 2、3、4、6、10 章），陕西银行学校熊湘辉讲师（第 7 章），北京商贸学校王宇讲师（第 8 章），厦门工商旅游学校陈雪松高级讲师（第 9 章）。

在项目开发与研究的过程中，教育部有关部门与领导予以了大力支持与指导。华东师范大学职业教育与成人教育研究所所长石伟平教授、教育部职业技术教育中心研究所主任邓泽民教授、上海经济管理学校沈汉达校长、同济大学职教学院师慧丽博士、同济大学职教学院王奕俊副教授等专家组成员，对本项目研究给予了大力支持，感谢他们的指导意见和宝贵建议。同济大学项目办、厦门大学继续教育与职业教育学院、厦门大学经济学院金融系的各位领导与老师，在项目的实施与研究过程中，也予以了大力帮助，在此一并表示衷心的感谢。本项目组调研过程中，得到了北京商贸学校、北京现代职业学校、北京商务管理学校、北京市经济管理学校、上海商业会计学校、上海市逸夫职业学校、上海市震旦中等职业学校、上海市南湖职业学校、上海市经济管理学校、武汉市财贸学校、武汉市财政学校、武汉市财经学校、青岛华夏职教中心学校、陕西银行学校、沈阳市金融学校、广西银行学校、厦门工商旅游学校、福建金融管理干部学院等中高职学校及教师的大力支持，在此表示衷心的感谢。

本项目研究与中期成果论证过程中，还得到厦门大学副校长邬大光教授、职业教育与继续教育学院王传金副院长、教育研究院副院长史秋衡教授、中国建设银行厦门分行生柳荣副行长、人事部总经理林瑜高级经济师，中国农业银行湖北省分行谭志河高级经济师、厦门证券郑学军高级经济师、招商银行厦门分行章英男总经理、中国人民财产保险股份有限公司连锦泉、中国太平洋保险（集团）股份有限公司王奕渲、爱建证券厦门湖滨一里营业部罗小萍经理、民生证券南京雨花西路证券营业部邢华秀总经理、杨卫东先生和中英人寿厦门分公司人力资源部廖燕红主任等国内职教行业专家及行业技术专家的指导。在此，谨向所有真诚帮助过我们的专家和领导表示衷心的谢意！还应该说明的是，在教材编写过程中，我们参考了国内外很多优秀教改教材和文献，从中得到了不少启示和帮助，在此表示衷心的感谢。

厦门大学经济学院金融系 2008 级博士生吴惠平，2007 级硕士研究生朱丹、郑荫立、张雪鹿、王韦湛、宋君、谭曙娟、丁琳、高婧、刘文华等同学在课题调研中付出了大量时间与努力，陈飞燕、黄荔、赖尚伟、彭博、黄振、段润华、史金月、魏琳、李志伟、黄敏大等同学在资料收集及调研工作方面也付出了劳动，在此表示真诚的感谢。

当然，由于水平有限，加之时间仓促，本项目研究成果及系列核心教材在撰写过程中难免存在不足和疏漏，恳请广大读者批评指正。

编　者

2011 年 12 月于厦门大学

目 录

第1部分 金融事务专业教学特点分析

1 金融事务专业现状和发展前景

1.1 金融事务专业发展现状和前景

改革开放以来，我国的金融事业蓬勃发展，逐渐形成商业银行、政策性银行、保险公司、信托租赁公司、财务公司、典当行、证券机构等多种金融机构并存的局面，金融业务也由传统的银行业务，如存款、贷款、结算等向多元化业务发展，金融业务包括银行、证券、保险等多种业务，业务形式也从分业经营向混业经营发展，金融活动的范围得以不断拓展并渗透到国民经济和人民生活的方方面面。随着我国经济的不断发展、产业结构的调整以及金融全球化的发展，金融业已经成为国民经济中的核心产业之一。

目前，我国金融机构体系是以中央银行为核心，以国有商业银行和政策性银行为主体，股份制商业银行等多种金融机构并存、相互协作的组织体系。据《中国统计年鉴》2009 年的资料显示，2009 年从事金融业的银行、证券、保险等金融企业机构达到 31815 家。随着金融全球化的发展，国内的外资金融机构也日益增多，截至 2009 年，在华设立的外资银行已达 29 家。

伴随着金融业的发展，社会对金融人才的需求急剧增长，我国金融从业人员数量和从业人员素质也在不断扩大和提高。2009 年全国金融从业人员达到 417.6 万人，人均年收入 53897 元。现代金融从业人员既要求具备专业基本知识和技能，又要求掌握国际金融业务发展的前沿技能，并具备金融业务创新能力。

从金融发展来看，无论是金融产业规模要求，还是金融产业岗位扩张，都需要大量从事金融业基层工作的技能型人才。在我国 2006 年颁布的《国民经济和社会发展第十一个五年规划纲要》中，对金融业的进一步发展和人才培养作出了规划，包括有序发展金融服务业，健全金融体系，完善服务功能，创新服务品种，提高服务质量。规范发展多种所有制形式的中小银行以及证券公司、财务公司、融资租赁公司、基金管理公司等非银行金融机构。鼓励金融创新，稳步发展综合类金融服务，支持发展网上金融服务。积极发展面向中小企业的融资和小额信贷。完善支付结算体系，提高支付清算效率。健全金融市场的登记、托管、交易、清算系统。发展境外金融服务和外汇风险管理、综合理财等，为企业跨境经营提供便利服务和外汇避险工具。拓宽保险服务领域，发展养老、医疗保险，发挥商业保险在健全社会保障体系中的重要作用。发展农业保险、责任保险，建立国家支持的农业和巨灾再保险体系，拓宽保险资金的运用渠道，发展网上保险等新的服务方式。同时大力发展职业教育，重点发展中等职业教育，年招生规模扩大到800万人。发展多种形式的职业技能培训。改革职业教育教学方式，更新教学内容，推行工学结合、校企合作的培养模式，建立弹性学习制度。促进职业教育和普通高中教育的协调发展，提高办学水平和质量等。因此，中职金融事务专业发展具有远大的前景。

1.2 金融事务专业的典型职业工作

金融事务专业毕业生主要面向银行、保险、证券等行业的基层部门，并在资产管理公司、理财咨询机构等从事基层业务工作。

其主要业务的工作范围是：

- 在各类银行从事储蓄、会计、出纳、信贷、金融咨询和理财服务等工作。
- 在各类金融咨询服务公司从事金融咨询、理财服务等工作。
- 在外国驻京金融机构从事金融咨询和服务等工作。
- 在各类保险公司从事保险业务推广、理赔，保险代理等工作。

职业岗位群包括：银行储蓄员、会计、出纳员、信贷员、收银员、保险业务员、保险代理员、金融理财服务员、金融咨询员等。

1.2.1 银行所对应的典型职业工作（岗位群）

中职生可胜任的岗位有：个人业务柜员（储蓄柜员）、客户经理、大堂经理、客户服务、信贷内勤、票据业务内勤等6个岗位。可延伸的岗位有：对公业务柜员、综合业务柜员、联行柜员、交换柜员等4个岗位。可拓展的岗位有：业务主管、信用卡销售员、会计、财务管理、信托业务等5个岗位，如表1－1所示。

表1－1 银行所对应的典型职业工作岗位群汇总表

工作岗位群名称	包含的工作岗位名称	工作任务
业务运营岗位（个人业务部、公司业务部）	柜员（公司、个人、综合）	办理柜台业务
	客户经理（公司、个人）	发掘、维护客户，产品营销
	大堂经理	引导、咨询，产品推荐
	业务主管	业务授权与审核复核
信贷部岗位	客户经理	开发市场
	信贷内勤	档案归集、整理等
会计部岗位	会计	核算、账务管理等
	联行	联行业务的处理
	交换	交换业务的处理
信用卡部	信用卡营销	信用卡销售与服务

续表

工作岗位群名称	包含的工作岗位名称	工作任务
客服部岗位	电子银行人工坐席	通过电话为客户提供业务咨询、投诉、查账、代客交易和在线营销等服务
	信用卡中心人工坐席	通过电话为客户提供信用卡业务咨询等服务
风险管理部	风险管理	负责风险管理，比如大额贷款审批、业务额度等
国际业务部	外汇业务	国际结算单证审核（包括汇款审核）、结售汇业务、国际收支申报等相关外汇业务
同业业务部	票据业务客户经理	票据产品设计、市场营销与维护
	票据业务内勤	票据业务放款下柜等
计划财务部岗位	财务管理	银行财务核算、考核
行政岗	办公室	办公室相关事务
	人事	人事相关事务
	安全、保卫	安全、保卫相关事务
技术岗	计算机系统维护	计算机系统维护技术等相关事务

1.2.2 保险公司所对应的典型职业工作（岗位群）

中职生可以胜任的岗位有：客户服务、保全管理、电销员、客户经理等 4 个岗位。可延伸的岗位有：资金管理、会计核算、出纳等 3 个岗位。可拓展的岗位有：个险核保、团险核保、理赔等 3 个岗位，如表 1 - 2 所示。

表 1 - 2　保险公司所对应的典型职业工作岗位群汇总表

工作岗位群名称	包含的工作岗位名称	工作任务
精算部	精算师	商业计划测算和编制；精算报表、报告的编制与报送等
产品开发部	产品开发	产品开发规划制定、产品定价等
财务部	资金管理、会计核算	资金计划与管理，财务核算
	出纳、综合管理	出纳，财务核算
客户服务部	客户服务	前台接待；客户咨询、引导
	保全管理	保全服务
营销部	电销员	电话销售
	客户经理	业务开拓和维护工作
银行保险部	渠道管理	渠道信息动态收集分析；各类协议签订和管理
	销售支持	行销辅助品的设计；客户活动的组织策划及执行与追踪
	市场企划	市场调研分析、策略制定
核保部	个险核保	个险保单的审核
	团险核保	团险保单的审核
	综合管理	分析业务构成，制定核保政策
理赔部	理赔	投保人出险后的理赔工作
行政岗	办公室、人事、计算机等	办公室、人事、计算机等相关事务

1.2.3 证券公司所对应的典型职业工作（岗位群）

通过对证券基金公司的调查，证券基金公司中适合中职生的岗位主要集中在问询员或柜员，如表 1-3 所示。

表 1-3 证券公司所对应的典型职业工作岗位群汇总表

工作岗位群名称	包含的工作岗位名称	工作任务
投资银行部	投行业务	投资银行业务项目的实施
业务部（营业部）	客户经理	业务开拓和维护工作
	柜员	开户等业务的办理
	问询员	业务咨询
信息技术部	技术员	信息系统的维护
行业分析部	行业分析师	分析各行业的相关资料
财务部	财务人员	出纳、财务核算等
销售部	销售人员（经纪人）	证券产品营销

1.3 金融事务专业中等职业人才的技能培养

从金融企业对中职生职业道德要求、行为态度要求、职业素质要求、职业岗位技能要求、职业能力要求等调查数据来看，金融企业希望接收的中职学生具备诚信的品质和良好的职业道德；爱岗敬业，对待工作认真负责；能吃苦耐劳，从点滴做起，具备抗挫折的能力；掌握一定的专业知识和技能，有较强的学习能力和进取心等。同时，不同类别的岗位需要特别强调某些能力。例如，客户服务类岗位特别强调礼仪规范、耐心、语言表达能力和沟通能力；营销类岗位特别强调恒心、抗挫折能力，语言表达和沟通技巧；柜员、出纳和会计等岗位特别强调责任心和风险意识，如表 1-4 所示。

金融事务专业培养目标：为适应我国经济发展和金融行业发展变化的需求，本专业以培养德、智、体全面发展的金融人才为宗旨，培养有理想、有道德、有文化、有纪律、热爱社会主义祖国和社会主义事业，有良好的职业道德和职业技能，从事银行、保险事务基层工作的从业人员。通过教学，使学生掌握银行、保险等基础金融理论知识，遵守金融行业基本道德行为规范，培养学生成为具有银行、保险等相关岗位的操作技能、销售技巧和业务能力的金融服务技能型人才。

在对学生职业岗位技能和职业能力的培养过程中，除了培养学生的职业岗位技能，如点钞、电脑翻打传票、汉字录入、柜面业务处理、网上银行、证券业务操作、保险营销、客户服务等方面之外，还应注重“方法能力”和“社会能力”的培养，如人际交流、团队协作、应急处理、社会责任、职业道德等。学校不仅应使学生在毕业后找到一份工作，而且还要重视学习方法和做人道理的教导，使学生素质得到全面的提高，适应时代的发展，增强社会竞争力。

围绕上述培养目标，中职金融事务专业毕业生应具备的职业能力主要表现在以下几方面：

表1-4　　金融业适合中职生的职业岗位对学生职业技能要求汇总表

行业	职业岗位	职业技能和能力要求标准	职业道德、行为态度要求、职业文化素质要求
银行	储蓄柜员	1. 熟悉会计规章制度，熟悉银行产品。 2. 点钞，计算器、电脑小键盘录入，盲打录入。	责任心强，有承担工作压力的能力；具备较强的客户服务意识和理念；具有良好的语言表达能力、沟通能力和较强的应变能力。
	客户经理	1. 具备银行业务及相关规定的知识和经验。 2. 具有开拓银行新业务的经验和能力。 3. 英语口语和书写能力优秀，能熟练准备各种英语报告，包括信贷申请报告等。	善于与人沟通，能够承受工作的压力，并具有团队合作精神。
	大堂经理	1. 熟悉银行业务和金融产品。 2. 沟通能力。	热情、文明、诚恳、耐心；掌握服务礼仪知识，与人交往具有亲和力。
	客户服务	1. 熟悉银行业务和金融产品。 2. 普通话标准。	热情、文明、诚恳、耐心；掌握服务礼仪。
	信贷内勤	1. 熟悉信贷业务和信贷产品。 2. 具备较强的表达能力。 3. 打字录入，熟练应用办公软件。	勤奋敬业、责任心强。
	票据业务内勤	1. 熟悉票据业务产品和流程。 2. 计算器、电脑小键盘录入，盲打录入。	勤奋敬业、责任心强。
保险	客户服务	1. 熟悉保险业务和保险产品。 2. 普通话标准。	热情、文明、诚恳、耐心；掌握服务礼仪。
	保全管理	1. 熟悉客户服务运营工作。 2. 全面了解保全整体业务运作。 3. 熟悉保全相关政策、流程和规则，具有较好的作业指导能力。 4. 打字录入，熟练操作办公软件。	较强的人际交往和沟通能力；能积极面对压力，有较强的问题处理能力和紧急应变能力。
	电销员	1. 熟悉保险业务和保险产品。 2. 掌握营销相关知识。 3. 普通话标准。	反应敏捷，有较强的沟通、表达、应变、协调、理解能力和接受能力，有客户服务意识。
	客户经理	1. 熟悉保险业务和保险产品。 2. 掌握保险理论知识。 3. 掌握营销相关理论知识。 4. 组织能力和协调能力。	有较强的沟通、表达、应变、协调、理解能力和接受能力，团队协作精神。
证券	证券柜员	1. 熟悉证券业务和产品。 2. 能够熟练操作开户、销户技能。 3. 普通话标准。	热情、文明、诚恳、耐心；掌握服务礼仪。
	大堂问询员	1. 了解证券业务和产品。 2. 了解柜台整体业务运作流程。 3. 较强的人际交往和沟通能力。	热情、文明、诚恳、耐心；掌握服务礼仪知识，与人交往具有亲和力。

职业知识：①具有本专业所必需的文化基础知识。②掌握金融法规。③掌握银行货币、信贷、保险的基本理论和方法。④熟悉财政、税收、统计等基本理论。⑤具有计算机及其应用方面的知识。

职业技能：①会撰写常见金融事务文书，会与岗位工作相关的英语会话，具有良好的与客户沟通和为客户服务的能力。②具有熟练的点钞、计算器操作技能。③具有熟练的使用计算机处理业务的能力，具有使用金融工作设备及操作金融工作软件的能力。④掌握银行、证券或保险等业务流程，熟悉业务操作要点，懂得并遵守业务规范要求。

职业态度：①具有严格执行金融法律法规的职业意识。②具有诚实守信的职业道德品质。③具有高度的职业责任心。④具有严谨细致的工作态度。

2　中职学生特点分析

2.1　中职学生的心理特征

目前，中职学生通过中考的选拔机制进入中等职业学校，在校年龄在十五六岁到十八九岁之间。中职学生在校的这几年，是一个人独立走向社会的准备期，也是一个人开始考虑自己未来生活道路的时期，是学生明确个性、选定将来出路、探索认识意义并形成人生计划的关键时期，因此，学校一方面要重视培养学生具有良好职业操作技能和优良的职业素质，使学生在上岗后能够快速适应和胜任自己的工作岗位；另一方面要把握学生的心理特点，加以正确引导，使学生在上岗后有正确的职业道德规范。以上两个方面在实际中并重并适当融合，才能向社会输送合格的高素质劳动者。

2.1.1　中职生的常见心理表现

（1）自我意识强

自我意识是指人对自己的认识，或者对自己和周围人的关系的认识。首先，这个阶段的学生常常希望确立人生目标和理想，学生对分析自己、认识自己、评价自己有着浓厚的兴趣。但由于作为应试教育的失败者，理想和现实的落差、矛盾经常困扰着他们，在实际中，中职生表现为自尊心特别强，在学校里十分关注自己的优缺点，对周围人如同学、朋友、家长特别是教师的评价尤其敏感。即使是老师很平常的一句批评，但只要是有关品德、性格、才能等个性方面的，都会引起他们强烈的反应。其次，自我评价能力提高。与初中阶段相比，进入青年初期，中职学生的自我评价能力有很大的提高，他们通常既能注意到自己的成功之处，又能感受到自己的不足，尽量扬长避短，发挥自己的潜力。

（2）自卑心理普遍存在

自卑心理是个体由于某些生理或心理上的原因过多地自我否定造成的自我评价过低所引起的情绪体验。具体表现为，对自己能力或品质评价过低，轻视自己，担心被他人瞧不起。

自卑心理是高中年龄阶段学生最容易出现的心理问题，由于青年初期的学生更加强烈地关心自己，使得他们常常梦想一鸣惊人，而理想和现实的差距，一旦遭受挫折或失败，就会导致对自己各种能力产生怀疑，使他们在行动中顾虑重重，缺乏勇气，不敢大胆尝试去做自己想要做的事，从而影响能力的发展和潜力的发挥。自卑心理在中职学生中尤为普遍，主要是因为他们大多是学习成绩不理想而进入中职学校。他们长期以来在升学压力之下，初中阶段始终学习成绩不理想，得不到家长、老师的赞许和肯定。中考的失败更挫伤了他们的自尊心，使得学生内心失衡。这种对情绪缺乏自我调控的能力反映到学生心理上，便演变为强烈的自卑心理。作为升学竞争中的失败者，他们同时受到来自社会和家庭的压力，对自己前途忧心忡忡，自认为低人一等，缺乏立志成才的拼搏精神。加之社会中一部分人对职业学校性质不了解，认为就读职业学校的学生就是差生，各种压力之下，使得中职生自卑心理普遍存在。自卑心理在学习中表现为缺乏学习主动性，完全依赖老师和教材，缺乏自己的独立思考，对学习内容一般采用死记硬背，不能对教师和所学内容提出质疑，碰到困难就退缩，有些科目如果开始没有进入学习状态，就常常导致放弃整门课的学习。

（3）有一定的逆反心理

逆反心理是青少年时期较为普遍的心理特征，但职业学校学生的逆反心理表现得尤为突出。学习的不适应，心理的失落，人际关系的紧张等使得他们用过激的言行来宣泄自己的情绪，以达到内心的平衡，而这种情绪宣泄所带来的效果往往是负面的。与自卑心理相对应的是中职学生的自尊心特别强，所以面对批评和责怪，他们容易采用更加过激的言行来应对，个别学生甚至对家长和老师产生不满情绪和敌视态度。这种心理导致中职生在情感和行为方面自控能力较差，容易激动和冲动，反映在学习上，表现为学习习惯差，普遍缺乏自我约束力和学习行为的持续性。

2.1.2 影响中职生心理的因素

影响中职生心理的主要因素有以下几个方面：

（1）学生成长阶段因素

中职学生正处于青年初期，是第二个成长高峰期，这一时期的学生心理发育还不够成熟，自控能力较差，容易情感冲动，导致情绪不稳定，影响了心理健康。

（2）家庭因素

家庭教育对学生产生了巨大影响，有的家长文化素质较低，教育方法不当；有的家庭父母关系不和或者父母工作忙对孩子关心不够，使学生性格扭曲；有的家庭经济状况较差，也会对学生心理产生影响。

（3）社会因素

由于社会的复杂性，社会上一些人对中职生偏见和歧视，某些中职生受社会上一些不良因素的影响，故而出现了许多逆反心理和叛逆行为。

2.2 中职学生智力和认知特点

2.2.1 从传统的智力理论分析

传统的智力理论认为，智力是一种认识能力，是保证人们成功进行认识活动的各种稳定心理特点的综合，由观察力、记忆力、思维力、想象力和注意力等要素组成，这些要素之间是紧密联系，有机结合的，是一个整体结构。一般认为，智力水平高的学生，观察力敏锐，记忆的速度快而且正确率高，思维灵活开阔，想象力丰富，注意力集中而持久；而智力水平较低的学生则观察不精确，记忆的范围狭窄而且准确率低，思维机械、呆板、抽象思维力差，想象力贫乏，注意力不持久，容易分散。智力各种要素协调发展的程度决定着智力水平的高低。思维力是智力的核心，思维力的发展，促进观察力、记忆力、联想力和想象力的同步发展，使整个智力水平都得到飞跃式的提高。

心理学家经过大量的测验研究表明，智力的个别差异在总人口中基本呈正态分布，即智力超常和智力低下均占少数，大多数人属于智力正常水平。大量中职学生的调查也表明，绝大部分学生的智力与普通高中的同龄人相比，发展是正常的，并不存在智力低下问题。

为了对智力进行定量分析，心理学家编制了各种智力测验，结果以被测试者智商的形式反映。智商是指被测验者通过智力测验获得的智龄分数与他们的实际年龄之比。用公式表示为：IQ =（智力年龄/实际年龄）×100。虽然智商的高低反映了一个人的聪明程度，但是研究表明智商与学业成绩只存在中等程度的相关性，其相关系数在小学阶段为 0.6 ~ 0.7，在中学阶段为 0.5 ~ 0.6，在大学阶段为 0.4 ~ 0.5。以上相关程度表明，智力只是影响学习的一个重要因素，但并不是唯一因素。中职生作为中考的失败者，中考成绩不佳是不争的事实。进一步分析他们的中考成绩的构成，发现他们大部分学生的成绩分值构成中往往数理化成绩较差，文科类成绩分值较高，这是由于中职生在数理逻辑方面及语言方面的能力较差造成的。虽然，在人们的眼里他们大部分并不是优秀学生，但并不排除不少成绩差的同学头脑灵活、记忆力强、反应灵敏、智力因素与同龄人并无差异。由此可见，从传统的智力理论分析并不能准确地得出中职生的智力特点。

2.2.2 从多元智力理论出发分析

美国心理学家加德纳的多元智力理论认为，智力是在某种社会或文化环境的价值标准下，个体用来解决自己遇到的真正难题或生产及创造出有效产品所需要的能力。该理论认为，人的智力由多种智力构成，包括：①语言智力（语言），听、说、读和写的能力；②节奏智力（音乐），感受、辨别、记忆、改变和表达音乐的能力；③数理智力（逻辑）和推理的能力；④空间智力（视觉），主要指感受、辨别、记忆和改变我体的空间关系并借此表达思想和情感的能力；⑤自省能力（自知），是指认识、洞察和反省的能力；⑥动觉智力，主要指运用四肢和躯干的能力；⑦交流智力（交往），指与人相处和交往的能力。每种智力都是一种单独的功能系统，这些系统可以相互作用，产生外显的智力行为。

多元智力理论强调人的智力是多元的、发展的，并且只能以人的活动确认。与传统的智力理论相比，多元智力理论认为：①智力不再是传统意义上的以逻辑—数理智力为核心的智力，而是实践能力和创造能力；②每个人都同时拥有多种智力，只是多种智力在每个人身上以不同的方式、不同的程度组合存在，使得每个人的智力各有特色。所以表现在学生个体上，每个学生都有自己的优势智力领域，有自己的学习类型和方法，都是可造之才。多元智力理论创造性地确定了社会文化在个体智力发展中的重要性。我们认为，多元智力理论结合传统的智力理论才能更好地认识中职生的智力结构。

2.2.3 结合传统智力理论与多元智力理论分析

结合传统的智力理论和多元智力理论，我们认为，与普通高中的同龄人相比，中职学生在智力和认知方面有自身的特点和优势，只要扬长避短、因材施教，就可以使他们的智力得到很好的发展，从而将其塑造成为社会有用之才。

(1) 中职生的形象思维能力发展良好，抽象思维能力较弱

在思维方面，职业学校学生思维发展也同普通高中学生一样，从特殊到一般的概括能力有了一定的发展，在基本理解事物一般属性的基础上，从一般到特殊的具体化分析能力迅速提高，思维的智力素质逐步形成，逻辑推理能力不断发展，逻辑条理性不断提高。但是，从中职生群体观察来看，中职学生在数理逻辑方面的能力普遍较差，抽象思维能力、推理能力较弱，所以导致他们的数理化成绩往往比较差，在职业学校的学习中表现为数学及其与数学计算有关的学科成绩较差。中职学生在数理逻辑方面存在着劣势，形象思维在他们的思维力中占主导地位。针对他们的智力特点，采用相应的教学方法和手段进行教学，充分利用形象思维来实施教学。比如，他们不喜欢死记硬背，更喜欢动手操作等程序性的知识和技能，故在教学中采用理实一体化的教学方式，将理论与实践有机结合，让学生在“做中学”，因材施教。

(2) 中职生具有一定的观察力，运动能力较强

观察力是指人们辨别生物以及对自然界的其他特征敏感的能力，具有通过自然和自然形态来考虑问题的思维方式。观察是学生认识世界、增长知识的重要途径，又是智力发展的基础。没有观察不可能有丰富的想象、理论概括和创造性思维。中职生阶段学生的观察力有了实质性发展，他们不仅观察的目的明确，掌握一定的观察方法，而且由于思维力的发展，观察中的理解力大大提高。同时，他们的动觉智力发展良好，动觉智力表现为人的身体协调、平衡能力和运动的力量、速度、灵活性等因素，即用身体表达思想、情感的能力和动手能力。所以直观教学往往能够吸引他们的学习兴趣，比如，直观教学中的实物展示、动作、形体、挂图、模型、录音、教学录像电影、多媒体软件模拟、模拟现实、模拟游戏等等。这些直观手段可以更好地吸引学习注意力，更好地激发丰富的想象力，从而更有助于培养学生观察的敏锐性、复杂性和精确性。

(3) 中职生的想象力呈现出不同于普通中学学生的特点

想象是人脑对已有的表象进行加工改造而创造出新形象的心理过程。想象对一切工作、领域，对一切人都非常重要。爱因斯坦说过，想象力比知识更重要，因为知识是有限的，而想象力概括着世界的一切，推动着世界的进步，并且是知识进步的源泉。在想象方面，由于受求职需要和学习动机的推动，受职业学校教育目的的调节，中职学生的想象有不同于普通中学学生的特点，表现为想象已由具体的、虚幻的向抽象的、现实的方向发展。特别是创造想象较普通中学学生越来越占优势，不少中职学生头脑中充满了创造想象。

(4) 中职学生普遍存在一定程度的注意障碍

心理学家认为，注意是心理活动指向、集中于某种事物的能力。指向性和集中性是注意力的两个紧密联系的基本特征。从注意力呈现的年龄特征来看，中职生对学习的注意力与初中生相比，不再完全取决于学习形式的丰富和生动与否，更主要取决于学习的本质内容的深刻性、全面性和科学性。这表明其注意的整体水平有了很大提高。但在实际中，中职生不同程度地表现出注意的障碍，在课堂学习中不能使注意长久地跟着老师的教学，注意力经常出

现分散，即在上课时，注意经常离开了课堂的学习活动而不自觉地转移到对课堂活动无关的事物上，如有些学生常会坐着发呆或想别的事，有些学生因为周围学生的一点响动、教室外行人的走动、小鸟的叫声都会使自己的注意力转移。

（5）中职生交流能力较强，在一定程度和范围内，心理调适能力、抗挫折能力较强

中职生在应试教育体制下，多在初中经受很多挫折，故在一定程度上锻炼了心理的承受能力，遇到对自身不利的事情大多都能想得开，比较乐观，不介意。这种心理表现在与人相处和交往中，往往比较豁达、不计较，故中职生往往善于与人交往，交流能力较强。反映在学生就业能力上，我们往往会发现一些学生在学校学习成绩一般，但性格开朗、活泼，与同学相处融洽，善于组织团结同学。有一定组织能力的学生在职场往往很容易找到工作，并且成长很快。他们的学习成绩与职业能力并不完全相关。

2.3 中职学生非智力因素特点

学习需要指学生目前的学习状况与期望他们达到的学习状况之间的差距。这一差距就是教学的总目标。学习内容就是为了实现这一总的教学目标，要求学生系统学习的知识、技能和行为经验的总和。学生特征指影响学生完成学习内容的知识准备，生理、心理准备，以及诸如智力才能、学习动机、生活经验、文化、社会、经济等背景因素。中职学校应该认真分析学生的知识准备、初始技能、学习兴趣及其相关的经验、动机、文化、社会等背景因素，切实进行学生特征分析。

学生的学习行为，主要呈现以下特点：

2.3.1 学生的学习与职业教育的培养目标相适应

职业教育在人才规格要求上，要求学生既能动手，又能动脑；既有理论知识，又有实践技能；既有学历证书，又有职业资格证书，具有复合型人才的特征，以适应生产现场职业岗位人员知识技能结构多样化的需要，在当代社会中，对于一个就业者来说，既有社会层面的素质要求，又有职业层面的素质要求；就业者只有具备了这些素质，才能立足本职岗位，适应社会，并持续发展，从而实现自我价值。在目前的社会条件下，职业教育对于绝大多数学生而言，还是一种就业教育，职业教育最主要的特色就是技能训练。专业技能素质是职业特性和人才标准的集中体现，是学生就业上岗、服务于社会的基本条件。从学生进入职业学校开始，学生的学习内容就会发生比较大的变化，需要学生从文化知识学习向职业教育转变。金融事务专业培养的目标是培养具备金融、会计等方面的专业知识，掌握金融业务的基本理论和方法，掌握金融企业的各项一线业务和服务技能和计算机应用技术的实践性技能型人才。随着学习内容的变化，学生的学习行为也将发生相应的变化。

2.3.2 中职生缺乏明确的学习动机

动机是教与学的重要因素，缺乏学习动机的学生不会为学习付出必要的努力，具有较高学习动机的学生盼望上学并全身心投入到学习过程中。所以学习动机是学生特别是职专学生形成良好学习习惯、取得好成绩的关键因素。故教师如何激发和维持学生的学习动机，调动学生的学习积极性就显得尤为重要。

心理学认为，动机是指驱动人或动物产生各种行为的原因。包括个人的兴趣、愿望、理想、目标等。传统上教育心理学认为学习动机是指激发和维持学生从事学习活动的原因。而

现代教育心理学认为，学习动机不只是涉及学生要学或想学，还涉及更多含义，包括计划、目标导向、对所要学习和如何学习的任务的反省认知意识、对新信息的主动寻求、对反馈的清晰知觉、对成就的自豪与满意和不怕失败。学习动机按来源可以分为内在动机和外在动机。内在学习动机是由内在需要引起的，来源于认知的需要，即求知欲。这是成功动机中最重要、最稳定的部分，发源于好奇心和喜欢探究、操作、理解以及应付环境的心理倾向。外部动机由外部诱因引起，反映凭自己的才能和成就获得相应的社会地位或他人评价的愿望和要求，从尊重和自我提高的需要中派生。如在学习中，学校嘉奖、老师表扬、家长赞许、学生羡慕等都能成为外部诱因而产生外在学习的动机。比较而言，内在动机对学习的影响持久而稳定，但作用力强度上有时显得薄弱；外在动机对学习影响的持续时间短且不稳定，但作用力强度有时显得较为强烈。因此，若要产生长久的、较强的学习动力，必须将两者结合起来。

2.4 针对中职学生特点的教学策略

2.4.1 加强对金融事务专业学生进行职业指导教育

职业指导是中等职业学校教育的重要环节，职业指导是促使每个学生完善自我、迅速成长的重要条件。

(1) 增强专业意识，进行职业生涯规划教育

学生在选择专业时，往往由于对专业不了解而盲目跟热门，忽略了专业的难易程度，有些基础较差的学生，在学过一段时间后，就感觉跟不上，慢慢对学习失去兴趣，因此，激发学生的学习动机必须要增强其专业意识。职业生涯规划教育是有目的、有计划、有组织地帮助学生正确认识自我、认识专业和职业发展与需求，培养就业创业能力与自我职业生涯规划能力的教育。

①了解、熟悉、热爱自己的专业。在新生入学后，学校要组织“专业教育”，这是学生了解所学专业最基本的途径。对金融事务专业来讲，学校可以通过学前教育，使学生了解金融事务专业毕业生将来可以从事哪些工作，在学校期间，学生要学习哪些专业知识，掌握哪些技能，获得哪些职业资格证书，形式可采用讲座、已经毕业的优秀毕业生现身说法，组织学生去银行、保险公司、证券公司、财务公司、会计师事务所等就业场所参观等。通过“专业教育”，学生会对所学专业有一个大致的了解，包括金融事务专业所在的学科、将来与专业有关的工作等。同时，新生可以通过与高年级同学的交流达到了解专业的目的。

深入学习专业知识，仅仅了解所学专业是远远不够的，必须熟悉自己的专业。熟悉专业的过程是与学习过程相随的，通过对专业课程的学习，必然会对所学专业有更深入的了解。在学习专业课程的基础上，应掌握所学专业的专业结构和学科结构、发展历史、当前的理论动态和科研前沿。熟悉自己的专业仅局限在课堂学习是不够的，随着自己专业知识的增多，学生应利用一切机会，加强与学校教师、专业从业人士的交流，只有这样才能深入全面地熟悉自己的专业。

既然有专业的划分，就必然有专业的差异。由于在入学时，大部分学生并不了解所选专业，所以部分同学在入学后会发现所选专业与自己的意愿存在差异，从而会发生厌学现象。这是没有必要的。因为专业的划分是相对的，开始并不了解所学专业，最后却在此领域取得卓越成就的例子很多。必须明确的是，学生在校期间所学专业与将来所从事的工作并不一定存在绝对的对应关系，据有关部门统计，毕业生中所谓的“专业对口”比例是很低的，经验数据表明，在未来的发展中，综合素质是最重要的。

②制定职业生涯规划。制定职业生涯规划，使学生在了解、熟悉专业的基础上，树立专

业信心，将热爱专业的热情转化为行动，通过制定职业生涯规划，使学生在职业学校的学习有目标、产生动力。从新生入学开始到毕业，根据不同年级确立不同的教育内容、目标和方法，选择恰当的培养方式和途径，构建起全程指导的职业生涯教育体系，让学生在认识自我、认识专业的基础上完成职业生涯规划设计。

（2）加强实习指导

目前金融事务专业的学生在校学习时间一般为2～2.5年，实习期为0.5～1年，随着我国经济的发展，就业市场也会随之发生变化，加强对学生的就业指导，可以使学生顺利地从学校走向社会，适应社会，为此，一方面要从学生入职前的准备、实习中各种意识和习惯的培养、就业岗位的选择和适应等对学生进行教育；另一方面，要对实习学生进行专业老师的跟踪指导，学生在应聘、实习工作的过程中会遇到各种各样的问题，可能是心理困惑、生活困难、工作过程的问题、人际交往等等，这些问题往往导致一些学生在实习中不能坚持，逃避顶岗实习，频繁换工作，在家啃老，这就要求实习指导老师及时去实习单位，跟踪学生实习情况，了解学生实习心理，解决学生实际问题，对一些不愿意去实习工作的学生，通过走访家庭，做学生思想工作，让这部分学生也能顺利实习。每一个中职学生通过实习学期的锻炼，达到实习的教学目标，中职教育的培养目标才能最终达成。

2.4.2 激发学生的学习动机，促进良好学习习惯的形成

激发和维持中职学生的学习动机的策略

目前，职专学生通过中考的选拔机制进入中等职业学校，在学习方面普遍存在学习自觉性、学习动力不足，缺乏自信心，学习热情不高，有的学生则表现为时冷时热，即学习的积极性维持时间不长，反映在学习中表现为厌倦。同时，中职生的学习效率普遍不高，部分是因为智力的核心思维力的确比较差，但还有相当部分的学生是因为没有养成良好的学习习惯，缺乏正确有效的学习方法，从而造成学习效率的低下。

①抓住激发职专学生学习动机、形成良好学习习惯的关键期。刚进入中职学校一年级的新生是激发其学习动机、形成良好学习习惯的关键期。首先，学生在进入中职学校之前，经历了初中三年级一年的紧张学习，这些新生虽然在初三成绩并不是很好，但是面对中考，他们也付出了努力，刚刚进入中职学校，这种紧张学习的习惯并没有完全消失，这时如果加强引导，帮助他们树立信心，就可以让他们保持适度的紧张感，从而进入职专的学习生活。为此，从强化学习动机形成的外部因素入手，应首先加强学生的专业意识教育，使学生树立专业发展目标，建立自己的职业生涯规划；其次，围绕学生的专业发展目标，精心设计专业课的开设，建立相对适宜的难度，从学生的兴趣出发，激发学生的学习热情；最后，实行导师制，建立老师对学生学习的跟踪机制，人的行为总是一再重复，卓越不是单一的举动，而是习惯。当学生的学习成为一种习惯时，外部动机就会内化为内心追求成功的强烈渴望，并与内部动机相互作用，良好的学习习惯就养成了。

②激发学生的外部学习动机。在动机方面，职业学校的学生与普通中学的学生相比，其内部动机因素的激励作用较小，而外因驱使比较明显。这表现在大部分职业学校的学生对所学专业不感兴趣，因为职业学校学生尤其是职业高中和技工学校的学生，由于考分低，不能进入普通高中才勉强入职高或技校的，所以他们对专业的选择不是根据自己的意愿，其学习动机主要来自于社会和家庭的压力，相对于普通高中那些迫切想考入大学的学生而言，其学习状况总体

是被动接受、缺乏内驱力的。首先，应重视教师和学生的情感交流，适时鼓励学生。德国教育学家第斯多慧说："教学艺术的本质不在于传授的本质，而在于激励、唤醒和鼓励。"学习动机的培养是指学生把社会、学校和家庭的需要变为自己内在的学习需要的过程。"感人心者莫先乎于情"，教师应加强与学生感情的交流，比如，在上一个新的班级之前，首先努力认识学生，记住学生的名字。增进与学生的友谊，关心他们，爱护他们，热情地帮助他们解决学习和生活中的困难。作学生的知心朋友，使学生对老师有较强的信任感、友好感、亲近感，那么学生自然而然地过渡到喜爱你所教的学科上了，达到"尊其师，信其道"的效果。作为教师，应真诚地接纳每一个学生，对于考试成绩较低的学生，尤其要呵护他们的自尊心，并尝试各种方法让这些学生不要认为自己对学习无能为力，从而激发学生的学习兴趣。其次，应随时反馈，不断深化学习动机。从信息论和控制论角度来看，没有信息反馈就没有控制。学生学习的情况怎样，这需要教师给予恰当地评价，以深化学生已有的学习动机，矫正学习中的偏差。中职学生由于基础差，学习习惯没有很好地养成，要靠学生自己课后看书、做作业对相当一部分学生来讲是不现实的，所以教师在课后要及时布置作业。既要注意课堂上的及时反馈，也要注意及时对作业、测试、活动等情况给予反馈。使反馈与评价、评价与指导相结合，充分发挥信息反馈的诊断作用、导向作用和激励作用，深化学生学习的动机。

③教学方法要创新，让学生体验成功，激发学生的内部学习动机。内部学习动机是由内在需要引起的，来源于认知的需要，即求知欲。这是成功动机中最重要、最稳定的部分，发源于好奇心和喜欢探究、操作、理解以及应付环境的心理倾向。首先，应设置适合的目标定向。目标是个体在动机性活动中努力追求的结果，能指引人的注意，使其集中精力去完成当前任务。老师可以帮助不同程度的学生制定适合学生个体的具体目标，职业学校的学生是面向就业岗位的，如专业基础课对学生关键能力的培养是重点，在开学时鼓励学生根据自身的具体情况制定学科具体的学习目标，例如，在进行《财政与金融》的教学中，课本 1 ~4 章是讲述财政知识，4 ~8 章是讲述金融知识，在这两部分知识的学习过程中，老师布置有关财政现象和金融现象的相关研究性学习的题目作为具体目标。学生根据自己的兴趣选择相关的课题，边进行课本学习，边进行研究性学习。在每一部分知识学习完成后，学生运用所学的知识对自己的研究成果进行课堂交流。学生有了目标，积极性也就调动起来了，通过调查研究，把所学的财政与金融知识贯穿到自己研究性课题当中，并通过交流内化为学生分析问题、解决问题的能力，教师根据学生所作情况给予评分作为平时成绩。学生自己通过调查研究得出的结论，往往最能体验到成功的乐趣，激发学生的求知欲望，从而对学习产生兴趣，使学生产生持久的学习动力，取得良好的学习效果。其次，应运用动机模型改善课堂教学，激发学生的学习动机。艾姆斯（Carol Ames，1990，1992）在成就目标理论的基础上，提出了六种影响学生成就目标定向的课堂结构因素，即 TARGETT 课堂动机作用模型（见表 2 -1）。

该动机模型强调处理学生学习动机问题贯穿教学全过程，这一过程包括课前的准备、教学过程中教师与学生、学生与学生之间的互动以及课后的评价与反馈。该动机模型充分体现了教与学的良好统一。

运用 ARCS 动机设计模型进行教学也是一种很好的方法：该模型的创立者约翰 M. 凯勒整合以往的相关动机研究成果，把期望价值理论与教学设计相结合，创新出 ARCS 动机设计模型。凯勒认为影响学生动机形成的有四个主要因素：注意、相关、自信、满意，取其每个英文单词的第一字母，简称为 ARCS。该模型的主旨是，为了激发学生的学习动机，首先，

表 2-1 TARGETT 动机作用模型

影响因素	重点	目标	可行的策略
任务设计（task design，T）	学习任务如何结构化；要学生做什么	提高学习任务的内在吸引力；使学习有意义	教学与学生的背景和经验相关联；避免对出席、等级或分数给予奖赏
自主或责任（authority distribution，A）	学生在学习或学校决策中的参与	为学生提供作出选择或承担责任的适当自由	布置任务时给予学生选择机会；请学生评论学校生活；鼓励学生自发学习并评价自己的学习
认可方式（recognition practices，R）	在学校情境中的认可与奖励的使用	为学生提供被认可的机会；认可达到目标过程中的进步	促进自我奖励；不应强调"光荣榜"；认可并公布与学校有关的广泛的学习活动
小组安排（grouping arrangement，G）	学校学习经验的组织	创建认可并欣赏全体学生的环境；扩大社会互助作用的范围；促进学生社会技能的发展	提供合作学习、问题解决和决策的机会；为了增加同伴相互作用范围，鼓励多种群体的关系
评价方式（evaluation practices，E）	评价与评估过程性质与运用	等级评价与报告过程；与标准测验运用有关的实验；目标与标准的定义	不要强调成绩的横向比较；为学生提供提高其成就的机会；建立反映学生学习进步的等级和报告制度
时间分配（time allocation，T）	学校日程的时间安排	允许学生支配时间以适应学习任务和他们的需要	只要可能就允许学生按自己的速度前进；鼓励学习经验安排的灵活性
教师的期望	对学生能力的信念与期望	对全体学生抱适当但较高的期望；告诉学生教师对他们的期盼	给全体学生提供改进自己的作业的机会

要引起他对一项学习任务（学习目的）的注意和兴趣，其次，使他理解完成这项学习任务与他密切相关，再则，要使他觉得自己有能力完成这项学习任务，从而产生自信，最后，让他产生完成学习任务后的满意感。这就要求在教学中首先要使用新奇的手段，有个人化或情绪化的材料唤起学生的感知，用提问、反论来激发学生的探究欲望，用多种讲授风格和形象化实例、比拟增加学习的情趣。要与学生共同制定目标，说明学习效用。使用真实的练习、具体实例和比拟，使材料与学生生活相联系。要向学生说明学习要求、合格的标准和评价依据。给学生对自己的学习以决策机会，帮助学生将成功归因于自己的努力和能力。他还提出要向学生提供机会，使学生在自然、真实的环境中运用新学到的知识和技能，用表扬、正面反馈、象征性奖励等外部奖励等办法，促进学生在心理上产生满意感，要采取公平的评分方法，考试内容应具有真实性，与学习目标一致。ARCS 表明，激发与维持学生的学习动机不只是存在于教学开始阶段，而是贯穿教学的全过程。

④引导学生正确对待失败和挫折。对中职学生来说，有些同学对待失败已习以为常。教师要让他们懂得影响成败的因素不仅仅是个人能力，还有其他很多因素。要引导他们正确分析失败的原因，克服不足，教会学生从失败中吸取经验和教训。只有当学生真正认识到所经历的很多失败并不是因为自己比别人笨，而是其他各种原因，学生才会重新审视自己，重树学习信心。

⑤改革课程模式，实行以能力为本位的课程模式。“三段式”课程模式在我国职业教育课程模式中长期占有主导地位。其课程的基本结构为文化课、专业基础课和专业课。“三段式”课程模式注重学科体系的完整性，关注学科基础理论。这种课程模式虽然在教学上循序渐进，课程安排上力量集中，对于知识的传授是有益的，但学科中心的倾向明显。忽视了各学科知识在实际运用中的整体性，学生灵活、综合运用知识的能力严重不足，学生的实践能力与核心技能无法得到系统训练，动手能力不强。更重要的是，不能契合职专学生的行为特点，学习兴趣无法调动起来。而能力本位课程模式主张打破传统的学科课程论的构架，提出按职业活动的实践需求来重新组合课程，体现以职业为中心，以市场需求为导向，以实践活动为纽带，强调动手能力的培养，符合职专生的行为特点，能够充分调动学生的学习兴趣。所以要最终激发学生的学习动机，还要从根本上改革课程设置模式和教学内容。

3 金融事务专业的教学内容和教材分析

3.1 专业典型职业任务和教学目标

3.1.1 金融事务典型岗位任务

中职金融事务专业人才的典型岗位分析可以为金融事务专业教学目标和教学内容提供基本的参考依据。我们在前期市场调研、学校调查、专家研讨后确定中职金融事务专业人才的典型岗位可以分为银行方向，其中包括个人业务柜员（储蓄柜员）、客户经理、大堂经理、客户服务、信贷内勤、票据业务内勤、个人金融产品（信用卡）营销员等7个岗位；证券方向，其中包括证券柜员、大堂问询员；保险方向，其中包括客户服务、保全管理、推销员、客户经理等。不同方向的典型岗位对应的工作任务和技能要求如表1-4所示。

3.1.2 中职金融事务专业教学目标

教学目标是指关于教学活动的预期结果所要达到的标准、要求所作的规定或设想。即通过教学活动促成学生预期的情感、认知、技能、行为等方面的身心变化。教学目标受到教育目的、培养目标的支配和制约，是课程目标的进一步具体化，是指导、实施和评价教学的基本依据，是教学的出发点和归宿，同时也是检查、评定教学活动效果的参照物。

（1）教学目标的功能

①导向功能。在职业教育的教学活动中，教师的教学行为是由教学目标支配，学习者的心理结构构建也是由教学目标来定向的。同样教师的水平、学习者的状况、教学内容、教学方法、教学设施及空间因素的完整性、和谐性以及教学活动展开阶段与步骤的连贯性、有序性，也要以教学目标的实现为前提进行协调。

②激励功能。由于职业教育教学目标提供了教学对象的明确发展方向，即学生要达到的学习要求或水平，它是学习者努力学习的方向。

③评价功能。专业教育教学目标一旦确定，是否达成既定目标，就成了测评专业教学效果的尺度，进而成为职业教育教学活动评价的重要内容。从这一点来讲，教学目标是可测的。

(2) 教学目标的层次

中等职业教育的教学目标可以分为五个层次：专业教学目标、教学科目教学目标、教学科目单元教学目标、教学单节课堂教学目标和教学环节教学目标。课时教学目标是通过教学单位课程教学后要达到的目标，它是教学目标中最具体并且具有可操作性的一个层次。

①专业教学目标。中等职业学校金融事务专业，主要招收的是初中毕业的学生，学制三年。目前主要有三个专业方向：证券方向、银行方向、保险方向。由于各地经济发展水平存在差异，基于中职学校的学生主要服务于地方经济建设的原因，在具体的专业课程设置方面，各地并不相同。具体又有以下几个专业细分方向和培养目标定位。一是银行方向。该方向是目前中职金融事务专业技能型人才培养的主要方向，根据专业核心课程的设置不同，又可以分为银行事务（银行为主）、银行事务（含保险、证券）、金融与财务（银行与会计并重）。二是保险方向。该方向主要是保险事务，主要是面向保险行业培养从事保险营销的技能型人才。之前由于家长和学生对保险岗位的认同度较低，各地开设保险专业的学校并不多，随着我国经济的发展，人们对保险的认识也在提高，保险事务专业也在一些一线城市学校陆续开设。三是证券方向。该方向主要是证券事务，主要是面向证券行业培养一线的操作性人才，目前由于网络的发展，证券交易网络化程度很高，证券从业人员占金融业全部从业人员的比重已经很少，在中职学校，除个别学校外证券方向基本没有独立设置专业，往往是合并在银行方向中，开设一定的专业选修课。具体见表 3－1。

从全国各地开设金融事务专业的中职学校来看，银行方向是专业培养的主要方向。具体又呈现不同的方向、培养目标及就业方向取向，具体由市场对中等职业金融事务专业学生的需求决定，比如，在北京、上海、西安等地区的金融中心，银行、保险、证券业营业机构点多、面广，金融企业对毕业生的需求较多，在这些大城市金融事务专业的方向主要定位在银行，并逐渐分出专门的证券方向和保险方向；二线城市、小城市设立的金融事务专业，由于金融企业网点少，需求不多，培养目标的定位往往是金融与会计专业方向并重，就业方向有银行柜员、中小企业会计、出纳、商业门店收银员等。

金融事务专业教学目标是在金融事务专业培养目标的基础上制定的，专业教学目标的组成中，关于学生基本素质和关键能力的要求，全国各开设金融事务专业的学校基本是相同的。而由于培养目标的定位存在差异，各个学校在专业教学目标的专业能力目标上的差异也比较大。第一种培养目标定位注重银行综合柜员软件的使用能力、证券行业及技术分析能力、保险代理业务能力等，对应于表 3－1 中的（1）、（2）、（4）、（5）专业方向。二线城市、小城市设立的金融事务专业，由于金融企业网点少，需求不多，专业能力的要求往往是金融行业技能和会计技能并重，因此，第二种培养目标定位下的专业教学目标对应于表 3－1 中的（3）专业方向。随着中等职业教育与高等职业教育的衔接，因此，第三种金融事务专业教学目标定位还将兼顾向高一级职业院校输送人才。三种专业教学目标的定位都是符合中等职业教育以学生长远的个人综合素质和职业发展为目标，以就业为导向，以服务为宗旨的中等职业教育理念。

在上述讨论的基础上，可以确定中职金融事务专业总体教学目标如下：

第一，基本素质目标。中职学生应具备的基本素质目标包括：政治素质、金融财经行业职业道德素质、法律意识、人文素质等。

表3-1　　金融事务专业化方向和培养目标定位

专业方向	具体方向	主要专业课程比较	培养目标
金融事务	银行事务（银行）（1）	银行综合柜员业务 银行电子化业务 银行业务综合实训 银行产品营销与服务 货币鉴别与货币操作技术 票据规则与票据操作技术 个人投资理财	本专业培养两个方面的金融人才，一个为金融柜员方向，主要是培养面向各商业银行，能全面、系统、规范掌握银行业务中的柜面业务（包括个人业务和公司业务）、结算业务（包括人民币和外币）、中间业务、银行卡业务，熟悉主要操作流程，能胜任上述银行的各项工作，具有职业生涯发展基础的应用型、技能型人才。另一个是金融服务方向，培养能熟悉、掌握银行客户服务技巧、金融产品营销等技能，主要是为现代银行服务业培养应用型人才。
	银行事务（含证券、保险）（2）	银行综合柜员业务 银行业务实训 银行产品营销与服务 保险代理业务与服务 证券投资与分析 证券交易模拟操作 个人投资理财	以培养学生掌握金融专业必需的基础知识、基本理论、基本技能和初步的社会创业知识；具有初步的经营管理、组织管理能力和社会活动能力；具体培养具有金融专业基础理论知识和专业知识，掌握银行、证券、保险的基本知识和业务技能，为金融领域培养从事银行、证券、保险业务及管理的中等专业人员，以及各窗口服务行业一线工作人员。
	金融与财务（银行、会计并重）（3）	基础会计 财务会计 财务管理 会计模拟 会计电算化 财税金融 银行会计 证券投资与分析 保险代理业务与服务 银行储蓄与出纳	具体培养具有金融专业基础理论知识和专业知识，掌握银行、证券、保险的基本知识和业务技能；掌握会计基础理论与专业知识及会计操作技能，具有综合职业能力，并具有职业迁移能力的中等专门人才。为企事单位、现代服务业和金融业培养掌握会计、金融知识和操作技能的实用型人才。
	证券事务方向（4）	证券发行与承销 证券交易与分析 证券投资与分析 证券投资基金与实务 证券经纪业务营销 证券交易模拟操作 股份公司会计 财务分析	本专业培养具备一定的投资理财的基础理论和专业知识，掌握规避投资风险的技能，从事投资决策分析，财务资金管理和证券投资等方面的专业人才。毕业后可在证券公司、期货公司、基金公司、投资公司从事投资、营销策划等方面的工作，也可以为个人理财提供代理服务。
	保险事务方向（5）	保险代理 保险承保 保险客户服务 保险营销 财产保险 人身保险 保险基础知识	本专业培养具有一定保险业务和理财知识，掌握保险业务技能，能够从事保险理赔、展业、保险代理等工作的操作型技能人才。

第二，关键能力目标。关键能力是指专业能力以外的，跨专业的、具有普遍性的能力。关键能力也称通用能力，关键或通用主要强调学生应能独立思考、独立工作、独立承担社会责任、善于进行交流合作，从而能积极从容地应对变化多端的社会，在发生职业变更时拥有快速学习、适应变化的能力。关键能力一般包括方法能力和社会能力。方法能力是职业者对学习方法和工作的掌握和理解，核心是“学会学习”；社会能力是从事职业活动所具备的人际交往、公共关系、环境意识、职业道德等。核心是“学会做人”。具体教学目标包括：自我管理与发展能力、社会交往与合作能力、人际交往与沟通能力、计算机应用能力、创新应变能力等。

第三，专业能力目标。专业能力是指在专业领域内，人们从事生产、管理、服务等职业活动的能力。综合金融事务专业典型岗位工作任务和技能要求，金融事务专业能力目标包括：银行综合柜员熟练操作能力、金融产品营销能力、保险产品代理能力、证券岗位综合技能、个人理财业务能力等。具体目标体系结构如表 3 – 2 所示。某个具体的中职金融事务专业可以根据专业方向、市场变化进行选择和调整。

表 3 – 2　　专业目标体系结构

专业教学目标	基本素质	政治素质
		金融行业职业道德素质
		身心素质
		法律意识
		人文素质
	关键能力	自我管理与发展能力
		社会交往与合作能力
		人际交往与沟通能力
		计算机应用能力
		创新应变能力
	专业能力	银行综合柜员熟练操作能力
		金融产品营销能力
		保险产品代理能力
		证券岗位综合技能
		个人理财业务能力

②科目教学目标。依据金融事务专业银行、证券、保险方向的培养方案和相应教学科目的课程大纲或实训大纲确立具体教学科目的教学目标，例如，依据金融事务专业银行方向培养方案和核心课程银行柜面业务与服务课程大纲确立的银行柜面业务课程教学目标为：金融事务专业银行方向的学生通过银行柜面业务处理课程的学习与训练活动，了解并运用银行柜面业务的相关知识，掌握处理银行柜面业务的基本技能，并养成诚实守信、善于沟通与合作的品格，如表 3 – 3 所示。

表 3－3 银行柜面业务与服务科目的教学目标

教学科目	科目教学目标
银行柜面业务与服务	掌握银行柜员的日初处理业务； 掌握人民币活期、定期储蓄存款业务技能； 掌握柜面对公业务技能； 掌握银行支付结算业务技能； 能与客户进行有效沟通，对客户投诉原因进行快速反应与处理能力； 掌握银行中间业务； 掌握银行柜员日终处理业务。

③单元教学目标。根据教学科目课程大纲和授课计划，可确立单元教学目标。例如，根据银行柜面业务与服务课程教学目标、科目教学大纲和授课计划，可以确定该课程单元教学目标，以银行支付结算业务一章，我们可以通过该模块的分析得出该单元的教学目标，如表 3－4 所示。

表 3－4 银行支付结算业务单元教学目标

教学科目	教学单元	单元教学目标
银行柜面业务	对公业务	能了解对公业务的范围及业务程序； 能热情接待单位财务经办人员，并进行良好沟通； 会审核单位开户提交的各项资料，并指导客户办理相关业务； 会审核存款客户提交的各类结算凭证，并及时进行处理； 会办理单位的现金存取业务和转账业务； 会办理向单位出售凭证的业务； 保管、分发存款客户的回单、对账单、利息清单等银行回执，负责与企业核对银行存款的余额。

④单节教学目标的确立。根据金融事务专业科目教学大纲和授课计划，可以确定单节教学目标，如表 3－5 所示。

表 3－5 银行柜面业务与服务单节课堂教学目标

教学科目及课题	目标领域	课堂教学目标
银行柜面业务——对公业务中单位开户与撤户的处理	知识 什么是对公业务，对公业务的范围； 单位开户须提交资料； 单位销户的程序。	能了解对公业务的范围及业务流程； 能运用恰当的银行服务礼仪接待单位经办人员； 会审核单位开户提交的各项材料； 能指导单位经办人填写开户申请书； 会根据单位经办人员提供的资料进行录入并打印开户通知书； 会办理单位存款的销户手续。
	技能 与客户良好沟通的技能与技巧； 开户申请书的填写； 开户与销户的操作程序。	
	态度 沟通意识； 协作精神。	

3.2 金融事务教学重点内容分析与选择

3.2.1 教学内容分析的内涵和范围

所谓教学内容分析，是对学生从初始能力转化为教学目标所规定的能力。所需要学习的所有从属先决知识、技能和态度以及各项先决知识、技能和态度之间的纵向和横向的关系进行详细剖析的一个过程。

金融事务专业教学内容分析的范围由专业教学目标决定，依次为金融事务专业层次教学内容分析、专业教学学科教学内容分析、学科单元教材内容分析和课堂教学内容的组织分析。

3.2.2 教学内容分析的过程

由于前述各地的经济发展水平不同，金融事务专业的培养目标的确定有所差异，所以在此以金融事务（银行方向）专业为例进行教学重点内容的分析。首先，根据本地区经济与金融业发展对职业的需求，确定金融事务（银行）专业，根据职业对毕业生的能力素质要求，来选择该专业的教学内容；其次，根据具体的教学科目，进行科目教学内容分析；最后，分析单节课堂教学内容，形成专业课教学设计和教案。

3.2.3 中职金融事务专业教学的重点内容

根据金融行业发展对职业的需求，目前，各地区学校确定的专业方向依需要主要分为：银行事务、银行事务（含保险、证券）、保险事务、投资理财、金融与财务等。不同学校的金融事务专业因培养方向不同，在具体教学内容的选择上重点内容也有所不同。具体如下：

①中职金融事务专业基本素质和关键能力对应的教学内容。这是所有中职教育所必需的重点教学内容，是定位培养中等职业技能型人才所必需的。

②核心专业能力对应的教学重点内容。核心专业能力是金融事务专业区别于其他专业的核心专业能力。由于我国金融行业的发展，混业化是未来发展的趋势，所以尽管金融事务专业划分了多个不同的方向，但对于金融事务专业大类来讲，有一些是整个专业必需掌握的重点内容，比如，金融基础、保险基础、证券基础、金融法规、财政与金融、金融电子化、金融英语、个人理财、金融产品营销等。有些是专业分方向后选择的核心专业课内容，比如，银行事务方向的银行柜面业务、银行后台业务、银行卡业务，金融与财务方向的银行柜面业务、银行会计、基础会计、财务会计、会计电算化等就成为该方向的重点教学内容。

3.3 金融事务专业教学内容的组织

3.3.1 课程内容的横向组织

专业教学内容的横向组织形成了课程体系和项目体系，形成不同专业化方向（银行、证券、保险）的专业基础课程和专业实践课程。具体课程设置分为公共基础课程、专业核心课程、校本课程和毕业实习环节。

（1）公共基础课

公共基础课程包括语文、数学、英语、计算机应用基础、德育、体育等，具体要求按照教育部的有关规定执行。公共基础课程课时数不低于总课时数的35%。

(2) 专业核心课

金融事务专业核心课程包括专业公共课程和银行事务方向、保险事务方向、证券事务方向课程。专业核心课程和毕业实习环节课时数不少于总课时数的50%。毕业实习环节按照教育部的有关规定执行。

(3) 校本课程

选修课则根据拓展学生知识、突出学校特色、地区经济发展对人才的需求，适应今后就业的需要而设置，通常以校本课程的形式出现。

(4) 毕业实训、实习环节

专业实践实训课程是学生获得专业能力的关键环节。金融事务专业根据专业方向对应的职业，通过实训课程完成工学结合的实训环节课程。

以银行事务为例，从课程结构来看，课程设置基本划分为四类，即文化基础课、专业基础课、专业课、技能及实训课。课程名称及设置比重如表3-6所示。

表3-6 文化基础课、专业基础课、专业课、技能及实训课分类表

类型	课程名称	平均比重
文化基础课	语文、数学、英语、哲学、法律基础、体育、职业道德、计算机基础等。	35%
专业基础课	金融基础、保险基础、证券基础、财经法规、财政与金融、金融电算化、金融英语等。	25%
专业课	银行储蓄与出纳、金融营销、银行经营与管理、银行会计、国际金融、银行客户服务等。	25%
技能及实训课	点钞、书写与录入技术、银行模拟等。	15%
合计		100%

从总体上来看，在金融事务专业教学方面，注重学生综合技能和综合素质的培养。在坚持以就业为导向方面，加强了金融业务技能的培养。在金融实训实习方面，大多数学校都建立了校内金融实训基地，加强实训课程。但与金融职业资格考试相衔接的课程设置较少，直接与金融职业岗位挂钩的课程设置也较少，学校间金融课程设置门类存在一定的差距等。

3.3.2 课程设置与教学

近几年，金融事务专业进行了“以职业能力为本位”的课程体系改革并取得成果，从金融行业对中职毕业生评价来看普遍满意。但从各中职学校金融事务专业课程设置来看，以职业岗位要求而开设的专业课程设置还不够，还未形成科学、合理、完善、适应职业岗位需要的科学教学方案和课程体系。重点改革以下几方面：

①在课程体系构建方面，应转变观念，坚持以工作过程为导向来确定课程，以完成任务能力为核心来安排课程内容。专业课程的名称要突出操作性、技能性和应用性。

②在专业课程方面，要提炼、精简、删除过深过高的理论知识，增加“四新”内容，以职业活动所需技能为原则，增加岗位知识和技能训练的内容，变知识系统性的学科体系为职业岗位活动要求的能力、技能应用性体系。注意金融业的发展、岗位技能要求的变更，并

根据发展变化情况及时更新教学内容，改进教学方法，保持教学内容与岗位要求的一致。

③在教学形式、教学方法方面，采用项目教学，运用情境教学的方法，实现实训软件仿真和实训环境、场所仿真，增强教学效果。增加实训课时量，改进实训方法和手段。

④在师资队伍建设方面，通过自学、进修等各种途径尽快增加双师型教师的人数，提高双师型教师的比重；与各种金融机构挂钩，力促教师深入金融业第一线进行实践，提高教师的金融业务技能；鼓励教师开展各种形式的社会调查，了解金融业的现状及其趋势；开展教师与金融事务专业中职毕业生的交流与沟通，了解教学与实践的衔接状况等。

3.3.3 专业教学内容的纵向组织

（1）确定专业教学阶段性目标、教学内容及其时间安排，如表 3－7 所示。

表 3－7　　专业教学阶段性目标、教学目标及教学内容

教学阶段	教学目标	教学内容
一、入学教育阶段	明确金融事务专业就业岗位，指导学生设计专业生涯规划； 明确金融事务专业培养目标，了解培养方案，设计在校学习计划； 明确学校规章制度和教学生活管理规定。	1. 了解金融业的发展与金融事务业开设的历史； 2. 讲解金融事务专业的培养目标、教学过程、教学科目； 3. 了解金融事务专业职业岗位及工作过程； 4. 金融事务专业毕业要求； 5. 学习学校学籍管理手册。
二、在校学习阶段	见专业教学目标	
三、见习、实训阶段	见专业教学目标	
四、毕业实习就业阶段	学生通过参与专业对口单位的实习，达到尽快适应就业岗位的工作要求和规范。	1. 实习指导教师指导学生如何面试，选择适合自己的实习单位和工作岗位，进行实习； 2. 指导教师及时到学生实习单位进行巡查，了解学生的实习情况，解决学生实习中遇到的困惑和难题。

（2）制定专业教学计划

以金融事务（银行方向）为例，根据专业培养目标和教学内容的设计安排，整合课程，确定必修课、选修课，形成专业课程体系，并根据学生的学习认知规律，形成金融事务专业教学计划（见附录银行事务专业教学计划）。

（3）科目教学内容的组织

对于专业科目教学内容，采用怎样的组织方式才能使科目内容的各部分形成一个有机的整体，从而便于学生学习、理解和掌握，促使学生建立良好的认知结构，使理论实践一体化教学顺利进行。

（4）金融事务专业教学标准制定

①课程标准的内涵。课程标准是规定某一学科的课程性质、课程目标、内容目标、实施建议的教学指导性文件。随着我国职业教育的发展，职业教育课程教学目标从知识本位向能力本位过渡，进而向全面素质发展，以保证学生有效地获得知识、技能，培育良好的素质。同时，根据社会和个体发展的需要，强化学生通用能力的培养。与基础教育类似，职业教育的改革同样需要对原来专业教学大纲进行必要的改革和修订。目前，一些地区，如上海，已

经制定了新的金融事务专业课程标准，并取代了原先的教学大纲。课程标准是教材编写、教学、评价和考核教学质量和效果的依据，也是教育行政部门管理和评价课程的基础。专业教学课程标准应体现专业教学对学生在知识与技能、过程与能力、情感态度与价值观等方面的基本要求，并规定专业课程的性质、目标、设计思路、内容框架，提出教学建议和评价建议。

②金融事务课程标准与现行教学大纲的区别。课程标准与教学大纲相比，在课程的基本理念、课程目标、课程实施建议等几部分都阐述得更加详细、明确，特别是提出了面向全体学生的基本学习要求。首先，两者在论述课程性质、课程基本理念上有所区别。现行教学大纲从教学的角度出发，对教学目的、教学内容的确定、教学中应该注意的问题等方面作了叙述。课程标准从学生发展的角度出发，不过分追求知识的系统性，不过分追求概念、规律表述的准确性、逻辑关系的严密性，而是全面考虑课程在知识与技能、过程与方法、情感、态度、价值观等方面的教育作用。其次，课程标准与教学大纲相比，更加强调过程和方法的学习。在教学方式方面，现行专业课大纲重视知识的传承，重视较多的是科学的结论，而对得出结论的过程和方法或重视不够，或根本忽略。职业教育的课程标准不仅强调知识的学习，特别强调学习的过程，把“过程和方法”作为课程目标之一，将学习重心从知识的传承积累向态度和技能的培养和训练转变。再次，教学标准强调情感态度和价值观。现行大纲关于学生情感、态度、价值观方面的教育相对较少，在教学内容和教学要求中完全没有这方面的具体要求。职业教育的专业课程标准中特别强调专业课在情感态度与价值观方面的教育作用，无论在具体的知识点还是在活动案例上，都考虑到了对学生情感态度和价值方面的教育作用。

③专业课程标准的开发设计思路。课程标准建设是规范专业课程教学过程、提高教学质量标准的重要手段，也是建立课程思想、提升职业教育内涵的重要途径。专业课程标准的开发，应确立以工作任务为中心、以项目为载体展开教学的基本思想，不必追求知识的系统化，打破传统的教材学科体系的模式，以就业岗位所需的技能要求为依据来编写教材内容。

④课程标准的适用范围。我国是一个地域辽阔、各地区经济文化发展水平很不平衡的大国，职业教育表现出明显的区域特征，不同地区的学校之间，同一专业由于就业岗位群的区别，导致专业培养目标、课程设置存在很大差异，所以金融事务专业教学标准、课程标准的制定应在全国统一管理下，由地方学校根据自己的培养目标制定。

⑤专业课程标准的构成。专业课程标准包括：课程性质、设计思路、课程目标、课程内容和要求、教材编写说明、课程教学建议、教学评价的方法、课程资源的开发与利用等构成。

3.4 金融事务专业教材编写

中职学校金融事务专业教材编写的原则：

①按照“以能力为本位、以职业实践为主线、以任务引领课程为主体的模块化专业课程体系”的总体设计要求，以培养高素质技能型服务人才为目标，关注金融行业发展对人才素质的要求，进行教材内容的选择和设计。

②根据工作任务完成的需要，在设置与金融职业资格考试相衔接的课程的同时，相关教材不建议直接使用职业资格考试教材，而应根据职校学生的特点和职业能力形成的规律，按照“学历证书与职业资格嵌入式”的设计要求，确定课程的知识、技能等内容。如针对银行从业资格证书考试的科目《个人理财》、《公共基础》、《风险管理》大纲的要求在编写教材时，学生教材《个人理财》既体现《个人理财》考试的要求，又与中职学生的学习实际

相联系，教材《金融基础知识》体现《公共基础》考试的要求等。

③教材内容应体现理实一体化的思路，以学生全面素质发展为导向，强调基本知识和实用技能相结合，学做一体。目前，金融事务专业的教材已经在逐步地向就业导向、工作任务为核心的项目模式转变，由于金融业作为服务行业的特殊性，在教材的开发过程中，应从教材的立体化构件着手，除了课本，教材还应包括必要的辅助材料，如教学光盘、金融行业仿真软件等等。

④教材内容应体现前瞻性、实用性和综合性，案例的选取要科学，具有可操作性；教材呈现方式要图文并茂，文字表达要规范、正确、科学。同时，教材要体现金融业发展动态，关注新理论、新技术、新方法，并且根据行业的发展逐年更新。

4　金融事务专业教学媒体和环境创设

4.1　金融事务专业的典型教学媒体

教学媒体是指在传播知识或技能过程中，用来呈现信息的手段或工具，即以传递教学信息为最终目的，并用于教学过程的媒体。教学媒体是教学内容的载体，是教学内容的表现形式，是师生之间传递信息的工具，如实物、口头语言、图表、图像以及动画等。教学媒体往往要通过一定的物质手段来实现，如书本、板书、投影仪、录像以及计算机等。狭义的教学媒体专指黑板、教科书、图片等传统的教学工具及投影、电影、录像、电子计算机等现代化教学工具；广义的教学媒体还包括讲授、参观、实验和讨论等。

4.1.1　教学媒体概述

（1）教学媒体的概念

媒体是指承载、加工和传递信息的介质或工具。当某一媒体被用于教学目的时，则被称为教学媒体。教学活动中，教学媒体是教学信息的载体，是传递教学信息的工具，它直接沟通教与学两大主体，对教学效果的影响很大。随着现代教育技术的不断发展，越来越多的现代化教学媒体被广泛运用于课堂教学中，比如，有些学校已经完全用投影仪等电子板书代替了传统的粉笔板书等，教学评价也将是否应用现代化教学媒体作为评价内容之一。但在媒体的实际应用中，不同教学媒体的特点不同，功能各异，如果对教学媒体的选择和运用不当，教学媒体在课堂教学中不但不能起到促进教学效果达到的正效应，反而会阻碍学生听课效果，使学生注意力无法持续关注于教学内容，影响课堂的教学效果。

（2）教学媒体的分类

教学媒体通常有下列几种分类方法。

①按作用于人的感官分类，包括：A. 视觉媒体：即呈现视觉信息的媒体，如黑板、挂图、幻灯机、投影仪、视频实物展示台、大屏幕电子投影仪等设备以及相应的教学软件等。它们又分为非投影视觉媒体和投影视觉媒体。非投影视觉媒体有教学板书、印刷的文字材料、图

片、图表、模型与实物教具、展览等；投影视觉媒体主要有幻灯机、投影仪、普通光学照相机、数码照相机、视频实物展示台、大屏幕电子投影仪等设备以及相应的教学软件等。B. 听觉媒体：即呈现听觉信息的媒体，主要有收音机、录音机、扩音机、CD 唱机、MP3 播放器、语言实验室等设备以及相应的教学软件。C. 视听觉媒体：即呈现视听信息的媒体，主要有电视机、录像机、摄像机、VCD 、DVD 和无线电视系统、闭路电视系统等设备以及相应的教学软件。D. 综合媒体，如多媒体计算机、计算机网络和相应的教学软件与资源。

②按照媒体的物理性质分类，包括：a. 光学投影类媒体：主要利用光学放大元件，把透明或不透明的图片、标本、实物放大到银幕上，以表达教学信息，如幻灯机和幻灯片、投影器和投影片等。b. 电声类媒体：能将声音信号转化为音频电信号以及磁信号，并记录、传输、放大、播放的媒体，如收音机、录音机、激光唱机以及唱片、录音带等。c. 电视类媒体：能将静止或者活动的图像转化为视频电信号以及磁信号，并记录、传输、放大、播放的媒体，例如计算机、大屏幕投影电视、影碟机、投影机、录像机、视频展示台和录像带、VCD、LD、DVD 光盘等。d. 计算机类媒体：将模拟信号转化为数字信号进行处理的媒体，例如多媒体计算机和磁盘、CD—ROM 光盘等。

③按照媒体发展的先后分类，包括：a. 传统教学媒体：通常是指不需连接电源，就可使用的教学媒体，即所谓“不带电”媒体，主要包括语言、文字、印刷材料、图片、黑板、模型和实物及教师的语言、表情、体态等。这些媒体历史悠久，使用方便，一直是传递教育教学信息的重要媒体，在未来的教育教学活动中，仍将是不可或缺的工具。b. 现代化教学媒体：通常是指自 20 世纪 50 年代以来，伴随着计算机技术等科技成果的发展而引入教学领域的电子传播媒体，主要包括：幻灯、投影、广播、录音、录像、电影、电视、电子计算机等教学媒体。这些媒体通常以媒体组合系统的形式使用：如语言实验室、微格教学系统、多媒体电教室、计算机网络机房、校园网等。

4.1.2 金融事务专业典型教学媒体的种类和特点

在金融事务专业的教学中，典型的教学媒体通常按媒体发展的先后分为传统教学媒体和现代化教学媒体。

(1) 金融事务专业典型的传统教学媒体

①黑板。黑板是典型的传统教学媒体，改良后的水笔写白板及电子复印白板具有相同的功能。通过黑板呈现的教学信息叫板书，是教师口头语言的书面表现形式，能弥补口头语言稍纵即逝的缺陷。板书对教学内容具有高度的概括性，板书往往是一节课中最提纲挈领的内容，在课堂持续的教学中，停留在黑板的视觉符号不断地对学生的注意力、理解力进行刺激，促使学生对老师的讲课内容进行前后贯通的整体把握，与教师的语言听觉符号相辅相成，增强了教师的语言效果，加强了记忆。目前在金融事务专业课堂教学中，特别是理论课教学中，板书仍然是最有效的教学媒体。

②挂图。挂图是指那些已经事先设计制作好的，不需要放映就能供学生观看的教学用视觉媒体，挂图一般是大幅的、悬挂起来展示的图表或图画。在金融事物专业的教学中，可以通过挂图，对一些专业课教学中的知识结构、业务技能流程图、专业的知识纬度、金融行业礼仪规范等，有效地增强学生对教学内容的理解和消化。

③实物或模型。实物或者模型是最直观的教学媒体。模型是依据教学需要，以实物为原型，

经过加工而模拟做成的仿制品。模型不仅能帮助学生认识事物的立体外形，而且还能够向学生揭示事物的内部结构。在特定的情境之下，使用逼真的模型进行教学还能获得比使用实物更好的效果。

④教师的语言、表情、语态等。在教学中，教师是最重要的教学媒体，教师的媒体作用主要通过教师的教学语言、各种表情、语态来完成。

（2）金融事务专业典型的现代化教学媒体

随着现代教育技术的发展，现代教育媒体越来越广泛地应用于教学中，它以信息容量大，表现手段形象、直观、生动、感染力强、能调动学生的多种感觉器官等优势，使课堂教学生动、活泼，极大地调动了学生参与的积极性。由于职业教育的职业性特征，工学结合是职业教育不同于普通教育的重要特征，而实际中，由于我国职业教育的在校学生众多，企业无法一次接受大量学生进入单位进行实习，在金融企业，如银行、证券等毕业生就业的关键岗位，往往是面对公众的服务窗口，学生通常不可能顶岗实习，学生的岗位实践技能通常在模拟实训室完成，这使得多媒体等现代化的教学媒体在专业课教学中被广泛使用。另外，现代化教学媒体在金融事务专业中的使用，主要以媒体组合系统的形式出现。

①电视和录像等影音播放系统。电视类影音播放系统，是视听结合的电子媒体。电视以其丰富的色彩、清晰的画面、真切的伴音，生动、具体地把许多教学内容呈现在学生面前。电视能有效地实现认知、情感、技能等领域的教学目标。现在中职学校的学生，大部分是住校生，与外界社会接触的时间少，情感、认知方面的发展缺乏有效的渠道，因此，电视和录像等成为金融事务专业的学生拓宽专业知识、了解社会和就业市场的重要手段。

②计算机多媒体系统。多媒体是一种以计算机为中心的多种媒体的有机结合，这些媒体包括文本、图形、图像、动画、视频和音频等，并具有一定的主动性和交互性。通常所讲的多媒体指的是多媒体技术，它是将计算机技术与通信传播技术融为一体，综合处理、传送和贮存多媒体信息的数字技术。多媒体计算机系统是以多媒体技术为支持，在多媒体计算机硬件系统的基础上，安装和配备使用多媒体软件所组成的。目前在金融事务专业教学中常用的教学多媒体手段，是将多媒体计算机移用于课堂教学而表现出来的教学方式。现在不少学校的教室已经具备了多媒体教室的功能，主要由一台多媒体计算机及其主控制台，一台大屏幕投影仪及投影屏幕，及一组音响设备组成。教师则将设计好的 PPT 多媒体课件依据教学程序进行操作，课件中的音视频文件通过音频和视频播放，借助于视觉和听觉两种基本渠道刺激学生的感觉器官，完成教学任务。与老师讲授，粉笔或水笔板书的手段相比，多媒体设备能够同时展示声音与画面，教学信息量大大增加，直观、生动，教学效率大大提高。

4.1.3 金融事务传统教学媒体与现代化教学媒体的比较分析

（1）现代化教学媒体的优点及其在教学中的作用

随着教学改革的不断深入，现代教育技术已被广泛应用于教学过程。现代化教学媒体的优势使其在金融事务课堂中被越来越广泛地应用，并得到了广大教师的认可。

①现代化教学媒体形象生动，有利于调动学生的学习兴趣。

②交互性强，有利于学生认知主体作用的发挥。在传统教学过程中，教学是由教师决定的，教学内容、教学策略、教学方法、教学步骤，甚至学生做的练习都是教师事先安排好的，学生只能被动接受。以多媒体为例，它提供的交互式学习环境中，学生可以使用不同的工具，通过不同的操作来与多媒体系统对话，选择自己想看、想听或想了解的教学内容；多

媒体系统也能根据学习者的选择及其对问题的回答来决定向学习者提供什么样的信息和服务；还能对学习者的学习成绩进行测评，并向学习者报告测评结果，提出适当的学习方案。在这样的交互式学习环境中，学生有了主动参与的可能，为学生主动性、积极性的发挥创造了有利的条件，即能真正体现学生的认知主体作用。

③有利于有效地组织与管理丰富的教学信息。认知心理学的研究表明，人类思维具有联想特征。人在阅读或思考问题的过程中，经常由于联想，从一个概念或主题转移到另一个相关的概念或主题。因此，按超文本的非线性、网状方式组织管理信息和按传统文本的线性、顺序方式相比较，前者更符合人类的思维特点和阅读习惯。

④有利于建构理想的学习环境。建构主义认为，知识不是通过教师传授得到，而是学习者在一定的情景即社会文化背景下，借助其他人（包括教师和学习伙伴）的帮助，利用必要的学习资料，通过意义建构的方式而获得。正是基于以上认识，建构主义的教育理论认为“情境”、“协作”、“会话”和“意义建构”是教学环境中的四个关键要素，并强调要创设情境使学习者进入情境，认为创设情境是学习者实现意义建构的必要前提，是教学设计最重要的内容之一。这是因为真实性不仅拥有认知上的价值，更在于真实的情境最接近学生的生活体验，能调动他们全部的感受力和过去生活得来的经验去探讨与发现问题，另外，只有在真实情境中所提出的问题才最具有挑战性与针对性，对问题的解决也才更能显示出它的价值和现实意义。在某种意义上，这种对情境创设的真实性的程度也决定了学生对学习主题认知和意义建构的程度。而多媒体技术正是创设情境，尤其是真实情境的最有效工具。多媒体教育技术由于其具备丰富的多媒体语言（包括文本、图片、声音、视频、动画等元素），在传递大容量信息、进行交互活动和对多种感官进行综合刺激等方面具有十分明显的优势。因此，多媒体技术是建立理想的教学“情境”，为“意义建构”提供有效支持的理想工具。

⑤有利于创新教学方法的实施。现代化教学媒体不仅是承载课堂教学的平台，也是展示教师教学方法和教学水平的平台。教师应当树立不断创新教学方法的观念，在多种多样的教学方法中，通过筛选、组合，配合多媒体技术，形成一套既能反映现代教学理念，又能促使课堂内师生更加充实与多样化互动；既能培养学生以科学的学习方法获得知识的能力，又能促进发展学生独立思考、探索和解决问题能力的最优教学方法。

在多媒体技术正逐步成为教学平台的今天，教学方法的创新应当成为开发多媒体电子课件的基础和必要前提。多媒体电子课件的制作过程，实际上包含教学内容的组织、教学活动开展的形式与顺序、教学情景的设置等，这些都与教学方法紧密相关。因此，我们强调以多媒体技术为平台的现代教学过程，需要进一步开展教学方法的研究和创新。研究如何创设引人入胜的教学过程和情景，使学生充满认知兴趣，变“要我学”为“我要学”，促进学生自觉地形成获取知识、技能和技巧的能力。

（2）传统教学媒体与现代化教学媒体的比较分析

①从显示的教学信息看。以多媒体技术为代表的现代化教学媒体，在调动课堂气氛、提升课堂信息容量、丰富课堂内容等方面，确实有着明显的作用。以多媒体为例，表面上看来，多媒体的使用增加了教学信息量，减少板书过程，提高了单位时间里的教学“效率”，似乎是提高了单位时间里的教学“效率”。一些老师常常用课件代替板书，但在课堂教学过程中，屏幕上显示的内容往往过多，讲解时屏幕翻滚较快，学生对教师所讲授的内容经常毫无印象或过目不留，更谈不上思考、辨析和推敲。事实上，在课堂教学中，传统教学媒体仍然是教学信息体

现的主要方式，板书是无法用课件代替的，因为板书是随着老师的思路逐步进行展示的，往往是教学内容的精华。写板书也会让学生感觉更亲切，或许老师写板书时的一个动作就能让学生记住一个知识点。毋庸讳言，在多媒体教学平台上，原来教师需要板书的内容现在可以直接通过屏幕显示。但是，教师同时也应当充分认识到：学生对所学的知识需要一个思考、理解的过程，他们还需要有完成课堂笔记的时间。因此，对学科系统的基础知识、重要概念、原理的讲解和重要公式的推导，与传统教学过程所用的时间应当是等同的；能够扩充的量仅仅是通过与课程教学相关的周边知识（如本学科涌现出来的新成果、新知识、新技术、新方法等），拓宽学生的知识面，拓展学生的科学思维能力，进而使学生加深对所学知识的理解，形成相应的研究方法。

②从学生的参与角度看。现代教学媒体具备突破时空的限制，以形象的画面展示教学内容等突出优点，在给课堂教学增添新的内涵和活力的同时，也为学生思维的拓展提供了新的、更为广阔的空间；有利于创造轻松、活跃的课堂气氛，极大地调动了学生参与学习的积极性；而传统教学媒体相对比较概括、抽象。

③从教学媒体的使用看。制作适合不同课程的多媒体电子课件，并使其成为事实上的教学平台，不是一件简单的事情。它需要教师在熟悉教学内容、熟练掌握多媒体技术的基础上，继承传统教学方法和手段的优点，深入开展教学研究，进行教学手段和方法的创新，并创造性地将教学内容和教学过程通过多媒体技术形象、直观地再现，充分展示课堂教学过程的艺术性。纵观目前已经开发和正在使用的多媒体电子课件，相当一部分不能满足“教学平台”的要求，在实际应用中让学生普遍认为多媒体电子课件尽管信息量大，但是“消化”、“吸收”的效果不理想，甚至觉得还不如传统教学中的“板书”。为什么会出现这种现象呢？究其原因，除了一些多媒体电子课件的开发者不是主讲教师本人外，主要是开发者对多媒体电子课件及其制作在认识上存在各种观念上的“误区”，而传统教学媒体使用起来更得心应手。正确的做法是教师一边讲授，一边板书，再一边使用多媒体课件。现在的教学中，普遍存在如多媒体教学过于追求形式，忽视教学内容等问题；另外，多媒体主导了教学过程，电子板书代替的教师手写板书，有不少老师甚至上课从来不动粉笔。因此，在运用多媒体辅助教学中，要避免将教学内容全部由计算机包办代替，要留给学生实验时间和消化知识的时间。同时，实现不同媒体间的扬长避短，互为补充。例如，电视录像在表现活动的画面上有独特的优势，但它呈现的时间太短，一闪而过，学生的认知过程难以展开，但如果将它与投影教学相结合，则既能表现活动的画面，又能表现静止放大的图像，教学效果必然会更好。

由此可见，现代化教学媒体的功能虽然强大，但不是万能的，不能抛弃传统的教学媒体，它们有着各自不同的优势和不足，课堂教学是一门艺术。教师是教学活动的编导者和组织者，教师的语言表述是基础，板书、板画是纲要，课堂上教师的语言讲解、板书和直观教具的运用是不可缺少的，在现代化教学媒体的使用过程中，应该充分辅助以传统教学媒体，对教学过程进行最优化设计，促进学生对知识的理解和吸收，促进教师对教学资源的充分开发和利用。传统与现代化教学媒体结合使用是提高教学质量和效率的最佳教学手段。

4.1.4 金融事务专业教学媒体使用的选择

金融事务专业教学媒体的选择依据主要有五点：

（1）根据教学目标选择教学媒体

首先，教学目标是教学活动的出发点，是教学过程的指导，同时它也是评价教学效果的依据。教学目标具有较强的针对性，它为教学过程中教师、学生和媒体的相互作用规定了明确的要求。因此，课堂教学中选择什么教学媒体和使用什么教学策略，都必须围绕教学目标来确定。其次，由于各门学科的性质不同，其教学目标和教学内容也不相同；即使是同一学科，每一堂课的教学目标和教学内容也各有差异。因此，根据教学内容、教学目标，正确地选择媒体，是提高现代教学媒体在课堂上应用绩效的首要因素。再次，教材的每个单元、每个课题或每个小节都有一个具体的教学目标。在选择教学媒体时首先要对教学目标进行具体分析，根据教学目标和媒体特性选择适当的教学媒体。

（2）根据教学内容选择教学媒体

结合教学内容的特点以及师生的实际，来选择、设计和使用教学媒体。根据课程标准的要求，首先明确教学的目标、要求和教材的重点难点，再根据学生的需要和教学目标，确定具体的教学内容及教学内容的知识结构，选择合适的教学媒体，策划有效的教学策略。

（3）根据教学对象选择教学媒体

教学媒体是一种教师传授信息、知识的载体，它既是教师教学的辅助工具，也是学生的认知工具。多媒体教学是现代教育采用的有效的手段，对于传统教学中难以表达、学生难以理解的抽象内容、复杂的变化过程、细微的结构等，多媒体通过动画模拟、局部放大、过程演示等手段都能予以解决，不仅有利于激发学生的学习兴趣，而且可以提高学习分析、解决问题的能力，大大提高了教学效率和质量。

（4）根据教学条件选择教学媒体

在教学中能否使用某种教学媒体，具体从学校的资源条件出发，看学校是否配备相应的教学媒体，如专业普通教室如果没有多媒体设备，则老师准备的视听资料、电子课件将无法使用。

（5）根据教学方法选择教学媒体

现代教学媒体在教学过程中的应用，要根据教学目标和教学对象的特点，通过教学设计，合理选择和运用，并与传统教学手段有机组合，共同参与教学全过程，以多种媒体信息作用于学生，形成合理的教学过程结构，才能达到最优化的教学效果。首先，教学媒体是教学的手段，是为课堂教学目标服务的，教学媒体对教学目标的实现起着辅助作用，教学媒体的作用具有两面性——正面作用和负面作用。教学媒体使用得当，能使师生的教与学事半功倍，而使用不当则会给教学带来不良的后果。我们使用教学媒体自然希望它能产生正面作用，但是在实际应用教学媒体的过程中，由于教师的某些误区导致了使用教学媒体时产生许多负面作用，或是没能使教学媒体发挥出其应有的作用。比如，本来可以由学生完成的实验，教师却把它变成了计算机多媒体课件演示；课堂上教师的活动完全被计算机多媒体课件取代；学生本来可以在教学媒体的帮助下自己完成的学习任务，教师却没有给学生创造这样的机会等。

只有重视教学过程的设计与开发，重视研究媒体教学的应用方法和应用模式，才有可能通过人的主观能动性发挥出媒体教学的效益，取得最优化的教学效果。

4.2　金融事务专业教学环境的创设

教学环境是一种特殊的环境，是学校教学活动所必需的各种客观条件和主观条件的综合。它是按照发展人的身心这种特殊需要而组织起来的育人环境。广义的教学环境包括社会制度、科学技术、家庭条件、社会关系等内容，这些内容综合作用制约教学活动的效果。狭义的教学环境主要是指学校教学活动场所、各种教学设施、校园教学文化氛围、学生生源素质、师生关系等。学校作为一个传播文化的特定的学习场所，通常将教学环境分为教学物理环境、教学信息环境和教学心理环境。

4.2.1 教学物理环境——专业固定教室

教学物理环境，是指金融事务专业教学环境中静态的教学设备部分，从大的方面来讲，包括校园、教室、图书馆、运动场所、实验室、办公楼、宿舍、食堂、浴室和各种绿化。从小的方面来看，包括课桌椅、实验仪器、图书资料、电化教学设备、体育器材等。对于金融事务专业的教师来讲，专业固定教室是老师教学的主要阵地，教学物理环境的创设是教学设计中非常重要的部分。

（1）班级规模是影响教学活动效果的重要教学物理环境

关于班级规模对教学质量的影响，美国著名的教育学家格拉斯（Gene V. Glass）和史密斯（Mary L. Smith）对有关样本进行大量的比较分析后认为，班级规模与学生的学习成绩有密切的关系。小班可以为提高教学质量创造良好的教学环境和学习气氛，特别是对于中职学校的学生，班级规模不宜过大。从我国的实际出发，小班化教学规模在35人左右是比较合适的，最多不能超过45人。各地金融事务专业的教学经验表明：在人数少的班级，学生的学习兴趣更浓，学习态度更好，违反纪律现象较少，师生和同学关系融洽，学生有较强的归属感。班级人数适当减少，更有利于操作型实训课程的开展。金融事务专业的实训课程一般在专业模拟实训室开展，以银行模拟实训室为例，一般是模拟银行营业大厅设计的，在教学中往往采用模拟教学软件，分角色小组展开。在这样的环境中，小班化使教师有更多的机会进行个别辅导、因材施教，教学活动和方式更加灵活，学生参与学习的机会更多，也更愿意积极地参与学习活动。

（2）座位编排是影响教学活动效果的另一个重要教学物理环境

座位编排虽然是物理形式，却会直接影响师生在教学活动中的交互作用、学生之间的人际交往、学生参与学习活动的积极性、教学信息的反馈等。小组教学、师生互动是职业教育诸多教学法实施的必要条件，阡陌式的座位编排并不利于教学的实施。

（3）教室布置亦是影响教学活动效果的重要教学物理环境

教室是课堂教学中师生所处的微观物理环境。在中职学校，不同专业学生的教室是相对固定的，对金融事务专业学生的教室，从学生入学开始，根据专业方向，对教室进行能体现专业特色的布置，是创造专业教学环境的重要方面：如在班级教室外墙上可以挂上班级学生共同认可的、体现专业特色的班级文化窗，时刻提醒学生树立专业思想；教室内可悬挂强化专业的挂图，设置学习园地、心灵之窗、专业书籍图书角等；教室后边的黑板报留出专业新闻角，并进行定期更新，为学生创造浓浓的人文环境和专业学习的氛围。

在中职学校里，学生大部分专业基础课都是在专业固定教室里完成的。目前，随着教学媒体的应用，大部分学校的教室普遍建立了媒体环境。媒体化教学环境的创设，不仅要求相应的多媒体设备的配置是齐全的，在教室的多媒体布置中还应充分考虑到现代化媒体与传统媒体布置的兼容性，切不可用现代化媒体完全取代传统媒体，比如，有些学校的教室投影屏幕设置在黑板的正中间，教师在使用多媒体课件的过程中，黑板完全被屏幕挡住了，老师必要的板书示范没有办法在黑板上展示，多媒体主导了整个过程。而在实际教学过程中，多媒体课件应起的作用只能是辅助性的，多媒体课件的使用，必须与教师的讲授和板书结合起来。

4.2.2 教学物理环境——专业实训室

动手和实践能力是技能型人才培养的主要方面，是学生能力的核心。根据金融事务专业毕业生的典型工作任务和工作过程，要求毕业生能适应金融行业岗位群的现场工作环境、工作规划，熟练掌握岗位群通用的基本技能、有专业背景的专门技能以及某些特殊技能，有较强的综合工作能力。遵循职业教育教学理实一体化的教学原则，上述技能是通过综合实践课在专业实训室（或实训基地）进行的。以北京某中专学校为例来说明。

根据金融专业能力特点，金融专业实训基地应由基本技能实训和专项技能实训两部分构成，如图 4－1 所示。

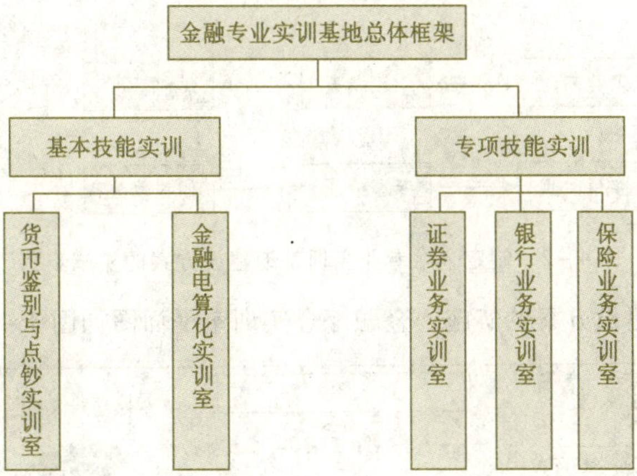

图 4－1　金融专业实训基地总体框架图

（1）金融专业基本技能实训

基本技能实训，指训练学生从事金融事务工作所必须具备的货币鉴别、点钞技术、电算化操作技术等基本技能。

①货币鉴别与点钞实训室：通过实训，使学生能较熟练地掌握人民币点钞的基本方法和基本技能，了解人民币基础知识及货币的鉴别方法。

②金融电算化实训室：通过实训，使学生掌握金融电算化工作原理及软件操作方法，培养学生的金融电算化实际操作能力，让学生在电算化模拟环境中进行训练，增强其运用现代计算工具处理经济业务的能力。

（2）金融专业专项技能实训

专项技能实训，指通过银行、保险、证券等业务专项模拟训练的教学活动，培养学生的银行、保险、证券业务技能，提高学生的实际操作能力和业务水平。

①银行业务实训室：主要包括银行储蓄业务操作、银行会计业务操作、银行常用设备及工具的使用与操作等。

通过实训，使学生掌握银行储蓄业务操作、银行会计业务结算和会计核算办法，能够正确填写票据和结算凭证，熟练使用银行常用设备及工具。从而为今后从事银行工作打下良好的业务技能基础。

②保险业务实训室：主要包括保险需求的技术分析、保险合同的编制、相关单据凭证的书写及保险业务中的其他技能。

通过实训，使学生掌握保险的工作流程及相关业务操作、保险营销流程、保险活动中的相关技能，能够正确编制、填写保险流程中的相关凭证，熟练使用各种保险活动中的应对技巧。从而为今后从事保险工作打下良好的业务技能基础。

③证券业务实训室：主要包括大盘分析、个股盘面分析、K 线分析及股票交易常用设备操作等。通过实训，使学生认识证券投资品种和证券技术形态；掌握证券投资的基本面分析方法及技术分析方法，从而为今后参与证券活动打下良好的基础。

（3）金融专业实训基地建设过程

①制定金融专业实训基地建设方案的实施步骤。制定金融专业实训基地建设方案的实施步骤如图 4－2 所示。

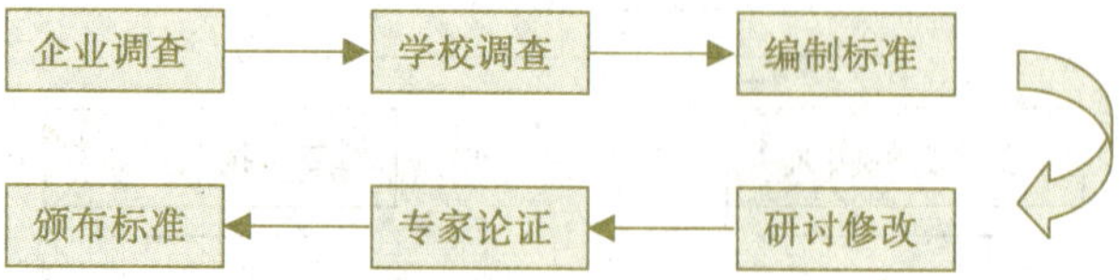

图 4－2　制定金融专业实训基地建设方案的实施步骤

②金融综合实训建设方案的实施。金融综合实训室平面图如图 4－3 所示。

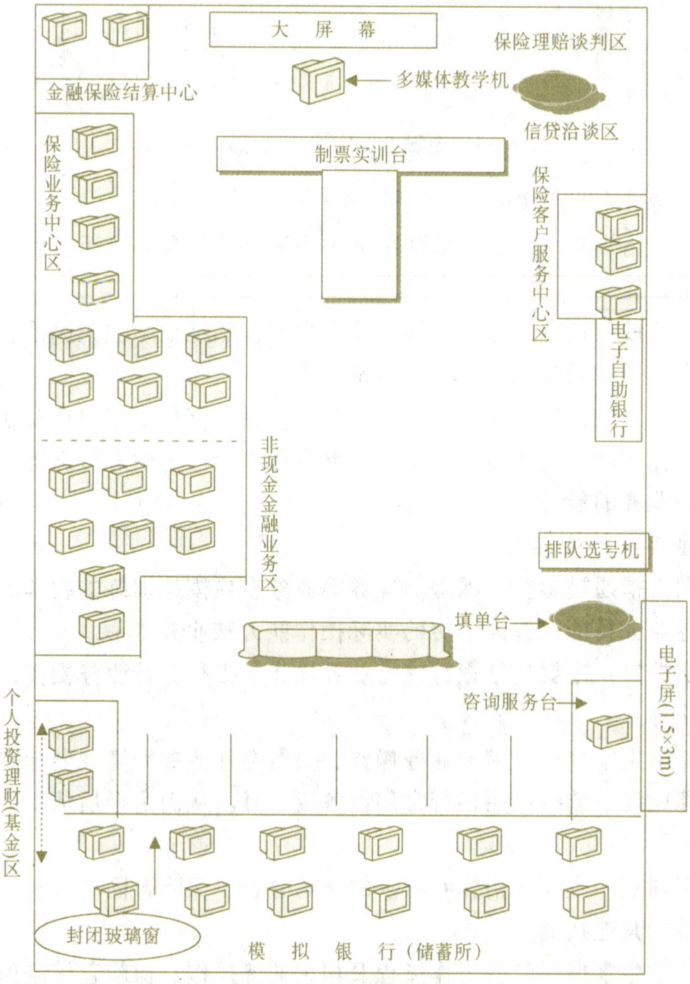

图 4－3　金融综合实训室平面图

（4）金融专业各分实训室建设

①货币鉴别与点钞实训室。

a. 货币鉴别与点钞实训室的名称与定位。

实训室名称：货币鉴别与点钞实训室。

实训室定位：为学生提供一个货币鉴别与点钞实训的业务操作环境。

b. 货币鉴别与点钞实训室的功能与要求。通过实训，巩固学生的金融货币知识，训练学生的货币鉴别与点钞的操作技能。要求学生能用单指单张、单指双张捻点，能够熟练运用四指、五指拨动点钞法点钞，并具有鉴别假币的能力。

c. 货币鉴别与点钞实训室的间数与面积。货币鉴别与点钞实训室不少于1间，面积不小于$70m^2$。

d. 货币鉴别与点钞实训室的设备配置。货币鉴别与点钞实训室设备配置目录见表4-1所示。

表4-1　　货币与点钞实训室设备配置目录

编号	设备名称	规格			单位	数量			备注
		开设	较高	示范		开设	较高	示范	
1	多媒体教学设备	主机一套	主机及投影	全套多媒体	套	1	1	1	
2	计算机	PⅣ 2.0	PⅣ 2.4	PⅣ 2.8	台	1	1	1	
3	点钞操作台椅	三人套	双人套	单人套	套	15	25	45	
4	点钞验钞机	Wjd 2000	Wjd 2000	Wjd 2000	台	15	25	45	
5	硬币清点盘合	塑制	塑制	塑制	个	15	25	45	
6	台灯	塑制	塑制	金属制	台	15	25	45	
7	货币打捆机	无	有	有	台	无	1	1	
8	教学需要的工作人员印章及工作印章	有	有	有	套	45	45	45	

②金融电算化实训室。

a. 金融电算化实训室的名称与定位。

实训室名称：金融电算化实训室。

实训室定位：为学生提供一个仿真模拟金融电算化实训环境和业务操作系统。

b. 金融电算化实训室的功能与要求。通过实训，巩固学生的金融电算化知识，训练学生的金融电算化操作技能。要求学生受到金融电算化实现手段的训练，并具备使用现代计算工具的能力和处理金融经济业务的操作能力。

c. 金融电算化实训室的间数与面积。金融电算化实训室不少于1间，面积不小于$70m^2$。

d. 金融电算化实训室的设备配置。金融电算化实训室设备配置目录见表4-2所示。

表 4－2　　金融电算化实训室设备配置目录

编号	设备名称	规格			单位	数量			备注
		开设	较高	示范		开设	较高	示范	
1	多媒体教学设备	主机一套	主机及投影	全套多媒体	套	1	1	1	
2	金融电算化操作系统	单机版	多机版	系统版	套	1	1	1	
3	电脑学习桌椅平台	三人套	双人套	单人套	套	15	25	45	
4	计算机	PⅣ2.0	PⅣ 2.4	PⅣ 2.8	台	15	25	45	
5	服务器	PC 级（PⅣ2.4）	PC 级（PⅣ3.2）	专业级	台	1	1	1	
6	不间断电源	无	有（无稳压）	有（有稳压）	台	无	1	1	
7	交换机及网络	不低于 16 口	不低于 32 口	不低于 56 口	套	1	2	3	
8	机柜	满足需求	满足需求	满足需求	台	1	1	1	

③银行业务实训室。

a. 银行业务实训室的名称与定位。

实训室名称：银行业务实训室。

实训室定位：为学生提供一个仿真模拟银行业务的环境和业务操作系统。

b. 银行业务实训室的功能与要求。通过实训，巩固学生的金融知识，训练学生的银行业务操作技能，包括银行常用设备及工具的使用与操作；银行电子系统进入与退出操作；银行储蓄柜员注册、领取储蓄凭证操作；货币清点与捆扎操作；货币鉴别与身份证鉴别操作；银行利息的单利与复利计算操作。银行储蓄业务是中职学生必须熟练掌握的基本操作。

c. 银行业务实训室的间数与面积。银行业务实训室不少于 1 间，开设级面积不小于 $80m^2$；较高级面积不小于 $120m^2$；示范级面积不小于 $180m^2$。

d. 银行业务实训室的设备配置。银行业务实训室设备配置目录见表 4－3 所示。

④保险业务实训室。

a. 保险业务实训室的名称与定位。

实训室名称：保险业务实训室。

实训室定位：为学生提供一个仿真模拟保险业务的环境和业务操作系统。

b. 保险业务实训室的功能与要求。通过实训，巩固学生的金融知识，训练学生的保险业务操作技能。要求学生在保险业务模拟工作流程中，处理有关的操作问题，并通过书面及口头的形式体现；独立、顺利地运用保险业务知识处理保险业务流程中的各种业务往来，并能够体现信息的处理过程；在理赔中体现保险的专业性知识运用，并学会保险保单的填写和编制。

c. 保险业务模拟实训室的间数与面积。保险业务实训室不少于 1 间，开设级面积不小于 $80m^2$；较高级面积不小于 $120m^2$；示范级面积不小于 $180m^2$。

d. 保险业务实训室的设备配置。保险业务实训室设备配置目录见表 4－4 所示。

表 4－3　　　　银行业务实训室设备配置目录

编号	设备名称	规格			单位	数量			备注
		开设	较高	示范		开设	较高	示范	
1	银行模拟操作平台	单机版	多机版	系统版	套	1	1	1	
2	选号机及相关软件	无	无	有	套	无	无	1	
3	银行票据打印机	有	有	有	台	15	25	45	
4	点钞机	Wjd 2000	Wjd 2000	Wjd 2000	台	15	25	45	
5	报号机	无	无	有	台	无	无	1	
6	柜员对讲机	有	有	有	个	15	25	45	
7	数字小键盘	有	有	有	个	15	25	45	
8	银行刷卡槽	有	有	有	个	15	25	45	
9	金融业务一体机	无	无	有	台	无	无	1	
10	TFT ked4787 卡处理装置	无	无	有	台	无	无	1	
11	KS 76 存折打印机	无	无	有	台	无	无	1	
12	PR II 存折补登机	无	无	有	台	无	无	1	
13	对账单打印机	无	无	有	台	无	无	1	
14	LED 显示大屏	无	不低于单色 3.2 m^2	不低于双基色 4.68 m^2	套	无	1	1	
15	手推式钱箱	无	有	有	套	无	1	2	
16	提款箱	有	有	有	台	1	2	3	
17	双门保险柜	无	无	有	台	无	无	1	
18	单门保险柜	有	有	有	台	1	2	3	
19	储蓄所电脑工作台	有	有	有	个	15	25	45	
20	服务器	PC 级（CPU3.0G）	专用服务器（系统稳定）	专用服务器（数据可恢复）	台	1	1	1	
22	不间断电源	无	有（无稳压）	有（带稳压）	个	无	1	1	
23	配线架	不低于 16 口	不低于 32 口	不低于 56 口	套	1	2	3	
24	交换机及网络	不低于 16 口	不低于 32 口	不低于 56 口	套	1	2	3	
25	机柜	满足需求	满足需求	满足需求	台	1	1	1	
26	监控设备	无	有（探头及记录）	有（主控及红外报警）	套	无	1	1	
28	多媒体教学	主机一套	主机及投影	全套多媒体	套	1	1	1	
29	计算机	PⅣ2.0	PⅣ2.4	PⅣ2.8	台	15	25	45	

表 4－4　　　　保险业务实训室设备配置目录

编号	设备名称	规格			单位	数量			备注
		开设	较高	示范		开设	较高	示范	
1	保险理赔谈判桌、椅	有	有	有	套	15	25	45	
2	关键业务指标系统（网络版）	单机版	多机版	系统版	套	1	1	1	
3	营销辅助管理系统（网络版）	单机版	多机版	系统版	套	1	1	1	
4	计算机	PⅣ2.0	PⅣ2.4	PⅣ2.8	台	15	25	45	
5	不间断电源	无	有（无稳压）	有（带稳压）	个	无	1	1	
6	服务器	PC级（PⅣ2.4）	专用服务器（系统稳定）	专用服务器（数据可恢复）	台	1	1	1	
7	交换机及网络	不低于16口	不低于32口	不低于56口	套	1	2	3	
8	配线架	不低于16口	不低于32口	不低于56口	套	1	2	3	
9	机柜	满足需求	满足需求	满足需求	个	1	1	1	
10	多媒体教学设备	主机一套	主机及投影	全套多媒体	套	1	1	1	

⑤证券业务实训室。

a. 证券业务实训室的名称与定位。

实训室名称：证券业务实训室。

实训室定位：为学生提供一个仿真模拟证券业务的环境和业务操作系统。

b. 证券业务实训室的功能与要求。通过实训，巩固学生的金融知识，训练学生的证券业务操作技能。要求学生在教师指导下进行一般模拟操作，熟悉证券柜台交易业务的一般程序，能够独立完成一般证券柜台交易业务操作，独立完成K线图形绘制，并能够进行技术分析。

c. 证券业务实训室的间数与面积。证券业务实训室不少于1间，开设级面积不小于80m^2；较高级面积不小于120m^2；示范级面积不小于180m^2。

d. 证券业务实训室的设备配置。证券业务实训室设备配置目录如表4－5所示。

4.2.3 教学心理环境

教学心理环境是指在学校教学过程中，对师生教和学的活动直接产生心理影响的那些共同的环境因素，包括人际关系、教学气氛、群体规范、班级文化等。良好的教学心理环境对教学活动有重要的积极作用。因此，可以从以下几个方面加强对教学心理环境的创设。

（1）创建温馨和谐的班级人际关系

班级中的人际关系是教师与学生在教与学等活动过程中形成的以情感为基本特征的相互关系。其中最主要的包括班主任与科任老师、班主任与学生、授课教师和学生的关系。

班主任与学生的关系是班级人际关系中最重要的部分，他们之间的和谐，是创造良好班风和学风的关键。这就要求班主任在平时的规章制度要求之外，更多地关心学生的精神生活，使学生懂得自尊自爱、诚实守信、同学间团结友爱、互帮互助，促进学生的精神成长，学会“做人”；帮助学生了解所学专业，掌握专业的学习方法，养成良好的学习习惯，学会“学习”。

表4－5　证券业务实训室设备配置目录

编号	设备名称	规格			单位	数量			备注
		开设	较高	示范		开设	较高	示范	
1	服务器	PC级（PⅣ2.4）	专用服务器（系统稳定）	专用服务器（数据可恢复）	台	1	1	1	
2	计算机	PⅣ2.0	PⅣ2.4	PⅣ2.8	台	15	25	45	
3	交换器及网络	不低于16口	不低于32口	不低于56口	套	1	2	3	
4	配线架	不低于16口	不低于32口	不低于56口	套	1	2	3	
5	机柜	满足需求	满足需求	满足需求	个	1	1	1	
6	不间断电源	无	有（无稳压）	有（带稳压）	个	无	1	1	
7	LED显示大屏	无	Φ3.75，不低于6.3 m^2	Φ3.75，不低于15 m^2（带混屏及证券报价）	套	无	1	1	
8	多媒体教学设备	主机一套	主机及投影	全套多媒体	套	1	1	1	
9	软件	单机版	多机版	系统版	套	1	1	1	

科任老师和学生的关系，是课堂教学成功的重要因素，在职业学校中尤其如此。在应试教育的指挥棒不存在的情况下，教师与学生的沟通交流在教学中非常重要，因此，教师应加强与学生的感情交流，比如在初次给一个班级上课时，首先努力认识学生，记住学生的名字，让学生知道老师是认识我的；增进与学生的友谊，关心他们、爱护他们；下课后不是立刻离开教室，而是找适当的机会与学生进行沟通、交流，了解他们的所思所想，帮他们解决学习和生活中的困难，做学生的知心朋友，学生也会自然而然地喜爱你所教的学科。作为教师，应真诚地接纳每一个学生，对于考试成绩较低的学生，尤其要呵护他们的自尊心，并尝试各种方法让这些学生不要认为自己对学习无能为力，从而激发学生的学习兴趣。

（2）创设积极的课堂教学气氛

课堂教学的效果不但取决于教师如何教、学生如何学，而且在很大程度上受到教学气氛的影响。教学气氛是影响教学效果的主要心理教学环境，是由教师的教风、学生的学风以及教室中的物理和物质环境因素构成的一种心理状态。良好的课堂气氛是指在课堂中，师生之间和学生之间围绕教学目标展开的教与学的活动中形成的某种占优势的综合心理状态。

①课堂教学气氛的类型和特点。课堂气氛是在课堂中呈现出的一种综合性的心理状态，它可以用一定的心理、行为指标来衡量。如果以秩序、参与、交流三个指标为依据，教育学者通常将课堂气氛划分成三种类型：积极的课堂气氛，消极的课堂气氛，对抗的课堂气氛。

对职业教育教学来讲，积极的课堂气氛是一种理想的课堂气氛，主要表现为：课堂纪律良好，师生关系和谐；师生双方有饱满的热情，教学目标明确，具有可操作性，学生学习目标明确，态度端正；课堂活动井然有序；学生求知欲强烈、注意力集中、思维活跃，学生积极参与到课堂教学中；师生间情感交流充分，学生参与面广，双方处于互动积极的状态；师生共同洋溢着为实现教学目标而获得成功的喜悦与满足感。积极的课堂气氛，是宽与严、热与冷、张与弛的有机统一。这种课堂气氛使教师教的主导作用和学生学的主体作用的发挥得到了和谐的统一。

消极的课堂气氛通常表现为课堂过于安静，安静的原因可能是学生对所学课程没兴趣、听不懂，导致有些学生可能趴在桌子上睡觉，或者看课外书，或者看似认真听讲实则心不在焉，思维游离。学生对老师的问题反应迟钝、呆板、被动回答问题。

对抗的课堂气氛表现为课堂的失控或混乱。这种课堂气氛主要表现为：师生之间关系紧张，大部分学生不信任教师；教师驾驭课堂态式和调动学生积极性的能力较差；相当一部分学生讨厌上课、注意力分散、上课学生讲话、各行其事、课堂秩序混乱；使得正常的教学活动难以开展，教与学的任务常常不能完成；师生都把教与学视为一种精神负担。

②积极的课堂教学气氛的创造。我们前面讲过，职业学校学生有不同于普通高中学生的特点，创造积极的教学气氛，首先要求班级人际关系是温馨和谐的，特别是任课教师和学生之间的人际关系，这个前面有阐述。其次，通过提高教师的业务水平、提升教师的人格魅力。业务水平高，教学能力强的老师，往往有很强的驾驭课堂教学的能力，善于对课堂教学的过程进行设计和组织，教学语言富有感染力并辅之于恰到好处的肢体动作。

首先，重视设计教学情境。建构主义认为，知识不是通过教师传授得到，而是学习者在一定的情境下，以学生为中心，借助其他人（包括老师和小组成员）的帮助，利用必要的学习资料，通过意义建构的方式而获取的。强调学生对知识的主动探索，体现了知识转化为能力的过程。对中专学生来讲，在老师的指导下，借助预设的教学情境，学生通过情景再现，角色模拟，激发学生学习的主动性，让学生自主构建知识获得技能。在此过程中，教师同样是情境中的事件探究者或问题解决者，教师在与学生共同建构情境的过程中给学生提供必要的帮助。这里的情境是基于现实世界的真实情境，是与现实情境一致或类似的，即学习者要想达到对该知识所反映事物的性质、规律以及该事物与其他事物之间联系的深刻理解，最好的办法是让学习者到现实世界的真实环境中去感受、去体验（即通过获取直接经验来学习），而不是仅仅聆听别人（例如教师）关于这种经验的介绍和讲解。

教学情境的创设基于有利于情境创设的微观教学环境，职业教育的培养目标和教学的特点，及学生的特点，小组教学，师生互动是教学的有效方式，国外实践经验表明，职业学校教学适宜小班化教学，班级人数的理想状态是 30～35 人。结合目前我国的实际，从有效地管理出发，班级人数最多不应超过 45 人，否则，将不利于教学情境的创设与实施，另一方面也给班级日常管理带来困难。

第2部分

金融事务专业教学方法应用

5 任务驱动教学法在金融事务专业教学中的应用

5.1 任务驱动教学法概述

5.1.1 任务驱动教学法的含义

任务驱动教学法是指以任务为驱动，学生通过完成任务的过程，学习知识、掌握技能，培养分析问题、解决问题等职业能力的一种教学方法。

任务驱动教学法改变了传统的教学模式。任务作为学习的桥梁，通过提出任务、分析任务、完成任务、总结评价，“驱动”学生完成任务，让学生去做一件具体的事、完成具体的任务操作，驱动学生主动学习，实现围绕任务的教师与学生积极互动。

5.1.2 任务驱动教学法的特点

（1）有利于激发学生的学习兴趣

任务是学生学习的“发动机”，通过完成任务激发学生的兴趣、促进学生积极学习，使他们有探索、有追求、有成就感。

（2）有利于保持学生学习的热情

任务是学生学习的“载体”，通过完成任务的过程，学生能够比较自然的学习知识和技能，并与职业岗位工作密切结合，以一个完整的任务，即学生在完成任务在活动中，培养学生分析问题和解决问题的职业能力。

（3）教学中简便易行

任务驱动教学法是职业教育教学中一种十分有效的教学方法，任务驱动教学法使学习目标十分明确，适合学生特点，使教与学生动有趣、易于接受。

5.2 任务驱动教学法的环节

任务驱动教学法以激发学生的学习兴趣为出发点，以完成教学任务为最终目标。其出发点、主观愿望和最终目标是相互制约的统一体，因此任何一个教学环节的差错，都会使课堂教学失败。

5.2.1 提出任务

教师的职责主要是提出具体任务和要求，并对如何完成这一任务作一些方法上的阐述。“任务”的提出不能泛泛而谈、含糊不清，应落到具体的某一点上，应可操作、易执行。这一阶段的特点是：教师主要是方法上的指导，还可结合实际应用作一些启发性的提问，使学生知道从哪里入手，以及从哪些方面可以作些变化。关键是引而不发，充分调动学生的操作欲望和好奇心。

5.2.2 分析任务

任务提出后，教师应针对重点、难点进行必要的引导、分析，提供解决问题的思路、方法，指引完成任务的途径，给予达到的途径必要引导。学生对任务的理解也有一个过程，需要一定的必要分析、准备。这一阶段，教师应留给学生充足的操作时间，让学生大胆去试，使他们在实践中体会、感受和领悟。期间，学生会遇到一些问题。对学生存在的共性问题，可由教师统一示范，集体解决；对个别学生的个别问题可作单独辅导。这是学生消化和吸收知识的阶段，是学生由不会到会，由初识到熟练掌握的阶段，也是学生充分调动各种感官，发挥各种能力的阶段。

5.2.3 完成任务

完成任务是任务驱动的核心，教师应为学生提供理论学习和实践操作必要而充分的条件，引导学生学中做、做中学，理论与实践相结合，通过完成任务获取知识、习得技能、学会解决问题的方法。这一阶段教师主要是查漏补缺，给予学生必要的、及时的指导和服务，让学生真正成为学习的主体。

5.2.4 总结评价

任务的完成不等于学习的结束，对于学生来说，求知欲的强弱与教师的引导有很大的关系。学生的水平有很大的差距，任务完成的好坏也是有差距的，需要在教学过程结束前对任务进行扩展和细化，即对任务完成得好的学生应提出扩展的意见，对完成任务存在困难的学生应给出细化的要求，使所有同学都能跟上教学进度，有所收获。

5.3 任务驱动教学法的设计

任务驱动教学法的设计除应按照教学的环节要求设计外，任务的设计本身不可能也没有必要固化所有步骤，任务完成的中间过程应允许学生提出问题并自己解决问题。因此，教师进行任务驱动教学法的设计应注意以下几点。

5.3.1 设计要以学生为中心

①设计要研究学生阶段性的心理和认知规律，使设计出的任务符合学生心理，贴近他们的日常生活。这样，才能有针对性地调动学生积极性，进而自主地进行研究和学习。

②设计要注意学生综合能力培养，所有的教学活动都围绕任务展开，通过长期任务与阶段性任务的分解，使整个教学过程由若干个任务串联而成的，使学生在完成系列任务过程中

培养综合能力。

5.3.2 设计应注重任务的特性

①真实性。任务应是具有实际意义的，不是虚构、编造的。只有真实性，才能激起学生学习的欲望。

②整体性。任务一般不要太小，太琐碎，一般要能分成几个子任务，因为只有这样的任务才能给学生一个较大的探索和创新的空间。

③开放性。任务一般能涵盖要学习的知识技能，但完成任务的方式可以多种多样，最后的产品可以是多姿多彩的。任务应该是开放性的，要给学生一个创造的空间，只有一个模式、一个标准，不可能培养出有创造性的学生。

④可操作性和适当性。可操作性指的是任务是具体的，学生可以按要求实现任务。适当性指的是任务难易程度适当，太易和太难都会影响学生完成任务的积极性。一个含有新知识的子任务，新知识点一般不要太多。

5.3.3 设计应把握的重点

①明确任务，对今后的学习与任务的最终完成起着至关重要的作用。课堂教学中，教师和学生通过创设的问题情境，把所要学习的知识巧妙地隐含在一个个任务当中，使学生在完成任务的过程中达到理解学科知识、掌握技能的目的。设计精巧的“任务”能充分调动学生的学习热情和求知欲望，在融洽与和谐的情境中获得良好的教学效果。

②分解任务是将一个大的任务分成若干个分任务，再将分任务往下分，直到每个小的分任务可进行具体的操作或执行为止。

5.3.4 设计要重视情境的创设

教学设计的主要任务是为学生的主动学习和知识建构，创设一种真实且能激发学生强烈学习动机的学习环境。也就是说，教师所设计的所有学习任务都应该处于一种真实且复杂的问题情境之中，否则，学生脱离产生问题的具体背景和环境，既无法深刻理解在特定背景下形成的概念与原理，也无法在学习后有效地迁移到现实生活问题的解决上。因此，课堂教学离不开必要的教学环境。在课堂教学中，通过教学环境的作用激发学生的热情，把学生完成“任务”的过程与情感活动结合起来，促进学习者个性的充分发展，才能有效提高教学的质量。

5.3.5 设计应注重发挥师生交互协作的作用

学习者为了顺利完成“任务”，需要及时地得到同学和老师的帮助，而这些离不开各种交互式教学环境的有力支撑，包括人机交互、师生交互和生生交互等。快速、及时地获得所需的信息，会使学习者增强学习信心，提高学习的积极主动性。教师利用课堂为合作交流创设平等、融洽、开放的氛围，让学生在这样的氛围中无拘无束地合作交流。利用多种手段、方法，环境设备，让教师关注学生、倾听学生、发现学生，并适时地给学生提供一个展示才能的空间。

5.3.6 设计应注重采用合作学习方式

好问题的提出，并设计好了执行的过程后，学生就需要通过各种途径、采用各种方法、结合各种手段去完成任务。建构主义学习观认为：知识是个体主动建构的，无法通过教师的讲解直接传输给学生，因此，学生必须积极主动地参与到整个学习过程中，通过自主学习与协作学习来建构新知识，完成一个个的任务。自主学习是以自学为中心，由学生自主探索学习，独立完成任务。

5.3.7 应注重学习效果评价设计

学习效果评价既是学生反思问题的过程，也是相互评价或自我评价，教师点评，是帮助学生归纳与总结的过程。当学生完成了系统阶段任务后，挑选出几个同学的作品，尤其注意采用那些与教学实例不同的思路和方式制作的成果，对他们的设计成果进行展示，以鼓励创新。

5.4 任务驱动教学法在专业课教学中的应用实例

实例一：任务驱动教学法在《银行柜面业务处理》课程中的教学设计

1. 整体设计思路

《银行柜面业务处理》教学设计来源于企业实践、典型的职业工作任务，且具有工作过程的整体性；学生在完整的工作过程中思考和学习，完成从明确任务到评价反馈整个过程；以学生为中心，尊重学生的职业成长体验；在培养学生专业能力的同时，促进学生综合素质的提高。

设计依据：专业实施方案、课程标准、典型职业活动任务、本校学生特点、本校教学环境和条件。

设计原则：遵循理论实践一体化和行动导向的教学原则，遵循银行从业者的成长规律和教育规律，以银行柜面业务工作任务为引领，具体设计为：个人储蓄业务处理、单位存款业务处理、贵宾业务处理三个单元任务和 7 项子单元工作任务。

2. 《银行柜面业务处理》教学内容的分解与重构

为落实“理论实践一体化”、“行动导向”原则，按《银行柜面业务处理》课程标准对教学内容进行分解，按任务驱动教学法实施要求进行教学设计重构。具体重构内容包括：

（1）重构课程体系。打破传统学科型课程体系，针对实际工作任务重新构建课程体系，并按实际工作任务结构重新设计课程结构。

（2）重组教学内容。打破传统学科型课程以学科知识逻辑为主线、专业理论知识为主体的教学内容，针对实际工作任务需要，以职业活动为主线，以培养职业能力为本位，重新组织和设计教学内容。

（3）转变实施方式。打破学科型课程主要进行知识灌输、学生被动接受、实践与理论脱节的实施方式，形成主要进行任务实施、学生主动构建、实践与理论一体化的实施方式。

（4）改造教学情境。打破单一的教学模式、课堂化教学环境，创设尽可能与工作实境相近的教学环境，实现学校环境与工作环境、校园文化与企业文化的有机融合。

（5）实现课程体系从学科体系转向工作体系。课程内容从知识导向转向任务行动导向；课程目标从知识本位转向能力本位；课程顺序从知识逻辑为主线转向职业活动为主线；课程环境从课堂转向工作情境；课程实施从教师为中心转向学生为中心；课程价值从知识储备为主转向实际应用为主，如图 5－1 所示。

图 5-1 教学内容的分解与重构图

3. 任务驱动教学法教学过程设计

（1）以工作过程为导向的课程在教学上是根据行动导向的教学原则开展的。让学生在完成工作项目的教学实践中掌握相关专业知识、形成职业能力，培养学生良好的职业道德、职业意识和职业行为习惯，真正做到在工作中学习，使学生学会学习、学会做事、学会与人相处、学会生存。

（2）结合载体，形成教学任务，设计教学情境，做到理论实践一体化。

（3）本课程教学设计上体现了工作过程的“提出和布置任务；收集信息和分析任务；制订计划、组织实施、完成任务；过程检查、任务总结评价”四个环节，即工作过程也是教学过程。

教师的主要职责是设计并提出具体任务和要求，并对如何完成这一任务做一些方法上的阐述。学生以小组为单位接受并分析教师提出的任务，教师为学生提供理论学习和实践操作必要而充分的条件，引导学生学中做、做中学，理论实践相结合，通过完成任务获取知识、习得技能、学会解决问题的方法。同时，将教师指导与检查贯穿全部工作过程，逐步实现学生自主学习，如图 5-2 所示。

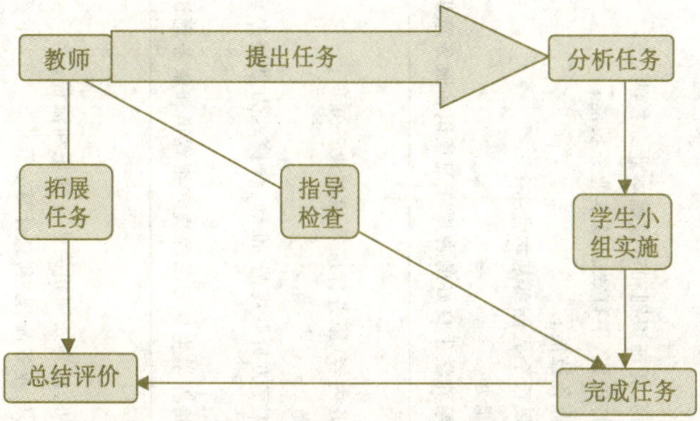

图 5-2 任务驱动教学法教学过程设计图

本课程的学习任务、教学任务、任务完成情况的检查和评价见表 5-1 至表 5-7，以供参考。

表 5-1　《银行柜面业务处理》课程学习单元任务一览表

序	单元任务名称	单元目标	子单元任务名称	课时	备注
第一单元	个人储蓄业务处理（72 课时）	1. 知识目标： （1）银行柜面个人储蓄日初、日终处理相关业务知识和流程，并掌握基本操作； （2）人民币个人储蓄基本业务知识、业务流程和利息计算。 2. 能力目标： （1）人民币清点及真伪鉴别、凭证识别和审核基本业务技能； （2）计算器票币计算及翻打传票、平打账表基本业务技能； （3）计算机汉字录入基本业务技能； （4）规范办理银行柜面人民币个人储蓄基本业务； （5）与陌生人的工作沟通能力。 3. 情感态度价值观目标：培养学生良好的遵规守纪意识和服务意识。	任务 1　人民币个人活期储蓄业务处理	34	上半学年
			任务 2　人民币个人定期储蓄业务处理	22	
			任务 3　人民币个人其他储蓄业务处理	16	
第二单元	贵宾业务服务（10 课时）	1. 知识目标： （1）银行柜面贵宾业务服务内容、服务标准及相关业务知识； （2）贵宾业务服务标准规范。 2. 能力目标：能够按照“24 字方针”规范、准确、快捷地为贵宾办理综合业务，进行私人银行服务。 3. 情感态度价值观目标：培养学生良好的遵规守纪意识和服务意识。	任务 1　贵宾综合业务服务	8	下半学年
			任务 2　“私人银行”业务服务	8	
第三单元	单位存款业务处理（62 课时）	1. 知识目标： （1）银行柜面单位存款日初、日终处理相关业务知识和流程； （2）单位存款基本业务知识、业务流程、利息计算。 2. 能力目标： （1）凭证辨析、小键盘数字录入基本业务技能； （2）规范办理银行柜面单位存款基本业务。 3. 情感态度价值观目标：培养学生良好的遵规守纪意识和服务意识。	任务 1　单位活期存款业务处理	30	
			任务 2　单位定期存款业务处理	26	

表 5－2　　个人储蓄业务处理单元任务教学设计表

课程名称	《银行柜面业务处理》	总课时	144
单元任务名称	个人储蓄业务处理	学习单元任务课时	72
单元目标	1. **知识目标**： （1）人民币个人储蓄日初处理基本业务知识和业务流程； （2）人民币个人储蓄存款基本业务知识、业务流程和利息计算； （3）人民币个人储蓄日终处理基本业务知识、业务流程。 2. **能力目标**： （1）人民币清点及真伪鉴别、凭证识别和审核； （2）计算器：票币计算及翻打传票、平打账表； （3）计算机：汉字录入； （4）正确使用银行常用设备，按照规范要求进行操作，并具备简单的故障排除能力； （5）规范操作银行柜面日初处理、人民币个人储蓄、日终处理的能力。 3. **情感态度价值观目标**：培养学生良好的遵规守纪意识，并按照“24字方针”的服务标准要求和培养学生的服务意识。		
工作任务	利用仿真银行模拟系统，办理人民币个人储蓄基本业务。		
学习内容	1. 人民币个人储蓄系统签到、现金和重要空白凭证出库等基本业务知识和业务流程； 2. 人民币活期、定期、其他储蓄存款基本业务知识、业务流程和利息计算； 3. 人民币清点及真伪鉴别知识、凭证识别和审核、计算器票币计算及翻打传票、平打账表、计算机汉字录入； 4. 人民币个人储蓄的结平现金、核对重要凭证、结平账务基本业务知识和业务流程； 5. 办理人民币个人储蓄日初处理、日间储蓄及日终处理的业务操作。 注：“～～”为陈述性知识，“＝＝”为过程性知识。		
教学成果	1. 学生：访问单、信息单、计划单、决策单、执行单、评价单、笔记、体会、模拟操作的存折、凭条等； 2. 教师：完成课改实验专业核心课程的教学实施课件、考试分析等。		
教学环境	1. 场地：金融实训基地、专业教室、网络教室、校外各银行营业网点； 2. 软件：仿真银行模拟系统、打字软件、数字录入软件； 3. 机具设备：计算机、点钞机、验钞机、硬币器、计算器、保险柜等。		
教学资源	1. 教师用：教案、课件、视频资料、企业相关资料、相关法律法规等； 2. 学生用：行动导向教学手册、参考教材、剪报、开户申请书、练功券、真假人民币等； 3. 共用：网络资源、讲义、考核评价方案。		

续表

<table>
<tr><td>课程名称</td><td colspan="4">《银行柜面业务处理》</td><td colspan="3">总课时</td><td>144</td></tr>
<tr><td>教学方法</td><td colspan="8">任务驱动法、项目教学法、语言传授法、体验教学法、角色扮演法、讨论交流法、参观访问法等。</td></tr>
<tr><td>学情分析</td><td colspan="8">1. 中职学生动手能力较强，具有一定的计算机操作基本技能和中文打字能力；
2. 学生之间已相互熟悉，具有一定的团队合作能力，有一定的学习主动性。</td></tr>
<tr><td>教师能力要求</td><td colspan="8">1. 基本要求：
（1）具有中等职业学校教师任职资格，具备“双师”素质；
（2）具备以工作过程为导向的教学理念和实施能力，能够进行“以行动为导向”的教学过程设计和实施能力；
（3）较强的课堂管理与控制执行能力。
2. 专业要求：
（1）有与本专业课程相关的实践经历，熟悉金融法规；
（2）了解银行柜面个人储蓄业务处理流程，掌握基本的人民币清点及真伪鉴别、票币计算及翻打传票、平打账表、汉字录入等技能；
（3）具备扎实的专业理论基础和指导学生实际操作的能力。</td></tr>
<tr><td rowspan="2">考核内容</td><td rowspan="2">占单元成绩百分比（%）</td><td rowspan="2">考核方法</td><td rowspan="2">考核人员</td><td colspan="4">考核评价标准（单独成册）</td><td rowspan="2">单元成绩占总成绩的%</td></tr>
<tr><td>优秀</td><td>良好</td><td>合格</td><td>重做</td></tr>
<tr><td>理论知识</td><td>30</td><td>笔记、笔试、口试、体验报告等</td><td>师评、组内外互评、本人自评</td><td rowspan="3">90～100分</td><td rowspan="3">76～90分</td><td rowspan="3">60～75分</td><td rowspan="3">60分以下</td><td rowspan="3">50</td></tr>
<tr><td>操作技能</td><td>50</td><td>实际操作、设计方案、实施报告等</td><td>师评、组内外互评、本人自评</td></tr>
<tr><td>情感态度</td><td>20</td><td>根据评价指标随堂考核</td><td>教师、组内外互评、学生自评</td></tr>
<tr><td></td><td></td><td></td><td></td><td></td><td></td><td></td><td></td><td></td></tr>
<tr><td></td><td></td><td></td><td></td><td></td><td></td><td></td><td></td><td></td></tr>
</table>

表5-3　　单元任务1“人民币个人活期储蓄业务处理”工作任务细化表

操作流程	子任务名称	课时	课标体现
	课程概述	2	介绍本课程课改背景、课程要求，解读本课程任务完成的7个实施步骤，解读信息收集的渠道，做好任务完成的分组等准备工作。
1	日初处理	8	签到、现金出库、人民币个人活期储蓄重要空白凭证出库业务知识和流程；人民币清点、凭证识别和审核等基本业务技能。
2	个人活期开户、存款	10	人民币个人活期储蓄开户、续存的基本业务知识、流程，人民币真伪鉴别基本技能。
3	个人活期取款、销户	8	人民币个人活期储蓄取款、销户的基本业务知识、流程和利息计算。
4	日终处理	6	结平现金、核对重要凭证、结平账务基本业务知识和流程，计算器翻打传票、平打账表基本业务技能。

合计：34课时　　　　注：根据任务需要，教师安排学生小组进行课外、校外调查。

单元任务1“人民币个人活期储蓄业务处理”操作流程1：日初处理教学设计		
实施步骤	工作过程内容	8课时分配
1. 提出任务	1. 教师：提出“日初处理”工作任务，明确目标与要求，解读考核内容与标准；并提供“日初处理”讲义及完成任务的各种资料；引领“人民币清点、凭证识别和审核”的知识及“系统签退、现金及重要空白凭证出库”的流程； 2. 学生：组长组织、分配任务，小组讨论、理解、细化接受任务，把握任务完成的满意度指标和达标标准。	课内3 课外2
2. 分析任务	分析任务涉及的要素、工具，完成任务条件、重点、难点。	课内1 课外1
3. 完成任务	1. 学生： (1) 查阅资料，了解日初处理的基本流程，准备上述知识和技能。 (2) 组内交流对任务的认识，讨论及分析所需知识、所需能力标准和态度要求，初拟工作计划并提交设计方案。 (3) 实施任务——人民币清点、日初处理实操模拟。 2. 教师：指导学生合理拟定工作计划，进行课堂内外的统一组织、协调，合理安排、指导、监督各小组按时完成任务。	课内3 课外4
4. 总结评价	1. 学生：人民币清点达标、日初处理实操达标； 2. 教师：组织、监督、进行人民币清点和日初处理实操达标，讲评存在的问题与改进措施，进行业务拓展。	课内1 课外1

单元任务1“人民币个人活期储蓄业务处理”操作流程2：个人活期开户、存款教学设计		
实施步骤	工作过程内容	10课时分配
1. 提出任务	1. 教师：提出“个人活期开户、存款”工作任务，明确目标与要求，解读考核内容与标准；提供“个人活期开户、存款”讲义及完成任务的各种资料；引领“个人活期开户、存款”及“人民币真伪鉴别、证件识别”的知识和流程，提出人民币清点新的达标标准； 2. 学生：组长组织、分解任务，小组讨论、理解、细化接受任务，把握任务完成的满意度指标和达标标准。	课内3 课外2

续表

单元任务1“人民币个人活期储蓄业务处理”操作流程2：个人活期开户、存款教学设计		
实施步骤	工作过程内容	10课时分配
2. 分析任务	分析任务涉及的要素、工具，完成任务条件、重点、难点。	课内1 课外1，
3. 完成任务	1. 学生： (1) 查阅资料，了解个人活期开户、存款的基本流程，准备上述知识和技能。 (2) 组内交流对工作任务的认识，讨论及分析所需知识、所需能力标准和态度要求，初拟工作计划并提交设计方案。 (3) 实施任务：人民币真伪鉴别、证件识别、人民币清点、建立客户信息、个人活期开户、续存实操模拟。 2. 教师：指导学生合理拟定工作计划，课内外组织、合理安排、指导、督查各小组按时完成任务。	课内5 课外10
4. 总结评价	1. 学生：人民币清点达标、个人活期开户、续存实操达标；人民币真伪鉴别、证件识别考评。 2. 教师：计时考评人民币清点和个人活期开户、存款，讲评存在的问题与改进措施，进行人民币个人活期转账开户、存款业务的拓展。	课内1 课外1

单元任务1“人民币个人活期储蓄业务处理”操作流程3：个人活期取款、销户教学设计		
实施步骤	工作过程内容	8课时分配
1. 提出任务	1. 教师：提出“个人活期取款、销户”任务，明确目标与要求，解读考核内容与标准；提供“个人活期销户”讲义及完成任务的各种资料；引领“个人活期销户、本金、利息”知识和流程，引领计算器基本录入、利息计算方法； 2. 学生：组长组织、分解任务，小组讨论、理解、细化接受任务，把握任务完成的满意度指标和达标标准。	课内3 课外2
2. 分析任务	分析任务涉及的要素、工具，完成任务条件、重点、难点。	课内1 课外1
3. 完成任务	1. 学生： (1) 查阅资料，了解个人活期销户的基本流程，准备上述知识和技能。 (2) 组内交流对工作任务的认识，讨论及分析所需知识、所需能力标准和态度要求，初拟工作计划并向教师汇报。 (3) 实施任务：人民币清点、计算器基本录入、利息计算、个人活期取款、销户实操模拟。 2. 教师：指导学生合理拟订并修订方案，课内外组织、合理安排、指导、督查各小组按时完成任务。	课内5 课外8
4. 总结评价	1. 学生：进行个人活期取款、销户的实操达标及利息计算。 2. 教师：组织、监督、计时评价个人活期取款、销户实操达标，考评利息计算，讲评存在的问题与改进措施，进行个人活期转账取款业务的拓展。	课内1 课外1

续表

单元任务 1 "人民币个人活期储蓄业务处理" 操作流程 4：日终处理教学设计		
实施步骤	工作过程内容	6 课时分配
1. 提出任务	1. 教师：提出"日终处理"任务，明确目标与要求，解读考核内容与标准；提供"日终处理"讲义及完成任务的各种资料；引领"结平现金、核对重要凭证、结平账务"等基本知识和"日终处理"流程，引领"计算器翻打传票、平打账表"基本技能。 2. 学生：组长组织、分解任务，小组讨论、理解、细化接受任务，把握任务完成的满意度指标和达标标准。	课内 2 课外 3
2. 分析任务	分析任务涉及的要素、工具，完成任务条件、重点、难点。	课内 1 课外 1
3. 完成任务	1. 学生： (1) 查阅资料，了解日终处理的基本流程，准备上述知识和技能。 (2) 组内交流对工作任务的认识，讨论及分析所需知识、所需能力标准和态度要求，初拟工作计划并向教师汇报。 (3) 实施任务：计算器翻打传票、平打账日终处理实操模拟。 2. 教师：指导学生合理拟定并修订方案，课内外组织、合理安排、指导、监控各小组按时完成任务。	课内 2 课外 4
4. 总结评价	1. 学生：进行计算器翻打传票、平打账表及日终处理实操达标。 2. 教师：组织、监督、计时评价平打账表、计算器翻打传票和日终处理实操达标，讲评存在的问题与改进措施，指导学生做好本阶段总结。	课内 1 课外 1

表 5－4　《银行柜面业务处理》课程任务单

班级：　　　　组别：　　　　姓名：　　　　学号：　　　　师评：

任务名称	1. 人民币个人活期储蓄业务——1.1 日初处理。
任务描述	作为北京商贸银行的一名柜员，银行开门营业前要进行活期储蓄日初处理的操作任务。
任务目标	1. 知识目标：系统签到、活期储蓄重要空白凭证出库知识。 2. 能力目标：活期储蓄凭证的识别和审核技能，活期储蓄日初处理操作。 3. 情感态度价值观目标。
具体工作任务	1. 各级银行工作人员的系统签到与退出。 2. 熟悉活期储蓄重要空白凭证的识别和审核。 3. 掌握活期储蓄重要空白凭证和现金出库的操作。 4. 搜集并学习日初处理的相关知识。 5. 学会规范进行人民币个人活期储蓄日初处理的基本操作。
本人完成方式、时间、具体地点（鼓励选用多种方式）	
证明人填写（银行、图书馆、书店等工作人员签字证明，在家上网：家长签字证明）	上述学生记录是否属实（划√或×），请您签署意见： 属实　　　，不属实　　　， 请您签字：　　　　，性别　　　　，身份 请您留电话以便老师回访： 请您对我校学生进行评价： 1. 分数（5 分制）： 2. 文字评价：
成果形式	1. 课业：任务单、调查感受、信息单 2. 业务知识、案例：打印版放在个人夹子里，并将电子版发送至专用邮箱； 3. 获取的其他资料，如视频、音频资料等，以电子版形式提交； 专用邮箱：yhgmywcl@126.com，文件注明班级、姓名、学号，以收到时间先后及价值性计分。

表 5－5　《银行柜面业务处理》课程任务实施单

班级：	组别：	姓名：	学号： 师评：
任务名称	1. 人民币个人活期储蓄业务——1.1 日初处理。		
内　　容	实施情况记录	自评分	组内（间）评分（评分员签名）
完成的各项任务及本人实操质量、承担的本组工作内容			

表 5－6　《银行柜面业务处理》课程任务检查单

班级：	组别：	姓名： 学号： 师评：
任务名称	1. 人民币个人活期储蓄业务——1.1 日初处理。	
实施过程检查记录		
内　　容	本组检查（注明检查人及检查日期）	教师检查
注：在格内注明各项任务是否独立完成、上交时间、齐全度、装订情况，本表不得涂改。		

表 5－7　《银行柜面业务处理》课程任务完成考核评价单

班级：　组别：　姓名：　学号：　师评：

序号	考核内容	合格（3～3.5 分）	良好（4～4.5 分）	优秀（5 分）
1	任务单	1. 能够参与调查。 2. 基本按时完成任务并上交。 3. 填写较全面。 4. 书写符合基本要求。	1. 积极参与，进行实地调查。 2. 按时完成任务并上交。 3. 填写较认真、全面。 4. 字迹工整、清晰，有条理。	1. 积极主动参与，采用多种方式调查。 2. 及时完成任务并上交。 3. 填写认真、全、细。 4. 字迹工整、清晰、条理性、层次性较强。
2	实施单	1. 参与任务实施。 2. 服从本组安排。 3. 基本能够完成实操任务。 4. 书写较清楚。	1. 积极参与本组任务实施工作。 2. 维护本组秩序。 3. 实操质量较好。 4. 承担本组其他工作。 5. 字迹较工整、清晰。	1. 积极主动参与本组任务实施工作。 2. 协助做好本组秩序维持。 3. 实操质量很好。 4. 主动承担本组工作，真实记录。 5. 字迹认真、工整。
3	检查单	1. 能够上交课业。 2. 内容基本齐全。 3. 完成质量一般。	1. 按时上交课业。 2. 内容较齐全，有序装订。 3. 完成质量较好。	1. 及时上交课业。 2. 内容齐全，装订整齐。 3. 完成质量好。
4	笔记	1. 基本能按时完成。 2. 内容完整、无严重概念性错误。 3. 文字、标点错误较多。	1. 能按时完成并上交。 2. 内容完整、无严重概念性错误。 3. 字迹工整、清晰，条理清楚。 4. 文字、标点基本正确。	1. 能及时完成并上交。 2. 内容全面、完整。 3. 无遗漏、无严重概念性错误。 4. 记录认真、全面、工整、清晰。 5. 文字、标点应用正确。

6 角色扮演教学法在金融事务专业教学中的应用

6.1 角色扮演教学法概述

6.1.1 角色扮演教学法的含义

角色扮演教学法是指教师在课堂上设计某项教学任务，设定故事情节和问题情境及题材，引导学生参与教学活动，在一个模拟的任务情境或职业工作环境中，让学生扮演各种角色，通过行为模仿或行为替代来处理多种问题和矛盾，借助角色的演练来理解角色的职责和任务，模拟性地处理工作事务，充分体会角色的情感和行为模式，达到学生加深知识理解、技能熟练掌握、实践能力提高的教学目的。

6.1.2 角色扮演教学法的特点

（1）角色扮演教学法给学生提供了很好的 DIY（Do It Yourself）体验，是一种既与真实人生有关的情境，又是在课堂中可以进行的方法，这样的教学模式正好满足了让学生了解知识、思索、创新与实践的需求。角色扮演教学法适用于一些需要亲身体验来加强感知的知识学习，它先让学生在与真实生活情境相类似的模拟情景中去了解、揣摩、体会与感受，并配合过程中的讨论与事后的反思，加强学生对问题情境了解的深度，藉此激发学生的学习动机与学习兴趣，提升学习效果。

（2）角色扮演教学法体现了学生“做中学”，教师“做中教”。在教学中教师复制出一种与实际情况相近的情境，使教学内容剧情化、脚本化，让学生感受与真实职场相近的困境、问题和情绪，学生通过扮演剧中的人物，体验职业生活，学习知识、掌握技能，进而改变态度。角色扮演过程中教师是指导者的角色，打破了课堂教学满堂灌等传统的学生接受型的教学方式，极大地激发了学生自主学习的积极性。

6.1.3 角色扮演教学法的作用

（1）能有效锻炼学生能力，有利于培养学生的职业素质。角色扮演为学生提供个人角色体验的机会，学会了解角色内涵从而进入角色，通过不断的演练，以便自己在应对各种环境时，能够更具有弹性，进而正确地去确认职业和人生角色；结合专业领域的角色扮演进一步加深了对其职业技能与知识的领悟，为学生进入未来的职业岗位及适应今后的变更，奠定一个良好的基础。

（2）能激发学生学习的兴趣。角色扮演教学法的核心在于激发学生的情感，将学生引入一个特定事件的真实情境中，通过师生、学生之间的双向和多向互动，积极参与，平等对话和研讨，充分调动学生学习的主动性、积极性，诱发学生学习的内在动机，促进学生成为教学主体，起到让学生参与自主学习、合作学习、研究性学习、探索性学习的作用。

6.1.4 角色扮演教学法在专业教学中的可适性分析

金融事务专业毕业生无论进入银行、保险、证券公司等金融企业，还是进入商业企业，职业性质基本上都是服务类窗口行业，既要求能胜任一线岗位的操作工作，又要求能与客户进行有效的沟通以实现服务的增值。因此，在教学中采用角色扮演教学，在模拟实训室的仿真条件下，学生通过扮演将来工作中不同岗位的角色，经历不同情景的职业体验，训练不同岗位的操作技能和流程，以达到专业教学的目标。如在金融事务专业课《银行产品营销与服务》、《个人投资理财》、《保险综合业务》、《银行综合柜员业务》等及专业实训课教学中，可训练银行柜台、信用卡销售员、银行大厅服务员、大堂经理、保险推销员、证券公司客户经理等岗位员工的岗位技能、员工礼仪、服务接待程序、沟通技巧等技能（表6－1）。

表6－1　　角色扮演教学法的角色类型与专业适应

角色扮演类型	描述	应用典型工作情境	角色岗位	
对抗型角色扮演	设计冲突剧情任务，通过角色间的沟通、交流，培养角色处理、解决问题和人际交往的能力。如营销员与顾客、合同的签订。	银行综合柜员业务； 信用卡销售； 保险单推销； 理财产品推介。	银行柜员 信用卡营销员 银行、证券、保险大堂服务员、大堂经理 保险推销员 证券公司客户经理等	
合作型角色扮演	设计一个由2人或一个小组共同完成的工作任务过程。培养角色的团队合作、角色在团队中的领导能力。	银行综合柜员员工之间的业务传递。	银行柜员 证券公司柜员	

6.2 角色扮演法教学的环节（图6－1）

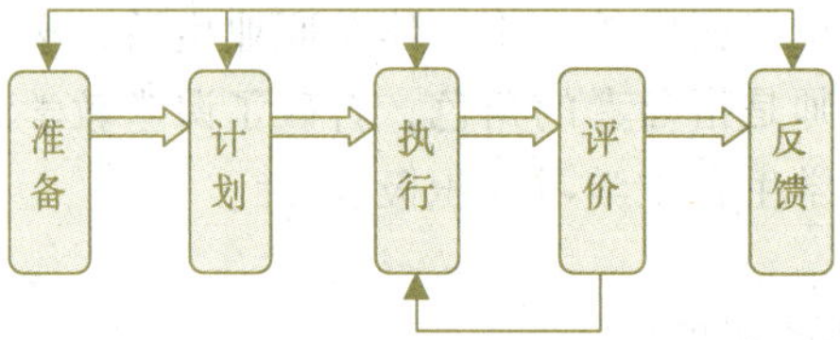

图6－1　角色扮演教学流程

6.2.1 教师的课前准备

（1）确定教学目标。教师必须根据教学课程标准和学生实际，确定通过课堂教学学生要掌握哪些知识，哪些专业能力需得到提高，教学目标的实现需要通过什么教学方法可以实现。由教学目标选定角色扮演教学方法的使用。

（2）教学材料准备。角色扮演教学一般是由教师提出一个情景或要解决的管理问题，以任务的完成为教学目标由学生扮演其中的角色，设身处地的分析与解决所面临的问题。学生从所扮演角色的角度出发，运用所学知识，自主分析与决策，以提高学生实际决策的技能。教师需要在备课阶段做大量的准备工作，首先进行情景设计。教师在教学设计中应根据所要完成的任务性质，进行情景的设计，并对任务进行描述，包括任务的整体过程、过程目标、工作岗位之间的联系等。教学任务的布置应该是具体的，要阐明角色扮演类型，比如合作式的角色扮演，强调角色之间的团结协作，角色既有个人任务，又体现团队精神；对立式角色的扮演主要体现角色之间的冲突与矛盾的解决。前者通常是程序性知识和技能的学习，侧重动手模仿；后者通常是陈述性知识和技能的学习，侧重语言交流，进行人际沟通能力的训练。其次要确定角色扮演的人数及任务并据此准备学生学习材料、工作手段、道具等。最后要准备角色扮演的质量目标和完成任务的评价标准等。

6.2.2 教学实施过程

教学实施过程主要是以学生为主体，教师为主导的课堂教学过程。

（1）教师布置任务，学生准备。学生根据老师布置的任务，熟悉整个任务的过程、学习目标、学习材料，在小组分工的基础上，搜集信息。

（2）学生小组讨论制订计划。根据老师提供的情景、学习资料、道具，进行小组的角色分工，认真解读学习任务，思考讨论完成角色任务的最佳方案，确定扮演行动、过程、行动自由度以及目标实现途径。计划阶段各小组要进行充分的讨论，并进行组内演练和模拟。教师在巡视中对各小组的计划进行必要的指导。

（3）学生角色扮演（执行）。教学过程中执行阶段是贯彻老师教学思路，实现教学目标的核心环节。根据教学目标和教学计划的安排，执行可以是一个典型的小组进行角色扮演，教师指导，其他同学从旁观察。不论是亲身体验或是从旁观察，学生都务必将注意力专注于活动的进行过程上，使其在课程中，借着自身经历的过程来学习并获得知识、掌握技能、改善态度。表演结束后师生共同对整个情况进行讨论、分析和评价，并指导其他小组同学更好地实施角色扮演，实现学习目标；执行也可以是各小组分别上台表演，各小组派人和老师组成评价组，对执行情况进行评价。

（4）评价与反馈。评价是角色扮演教学法的必备环节，可以通过小组自评、小组互评、老师点评和总体评价进行。评价的主要内容有合作式角色扮演教学中，学生操作过程的合理、合规性；技能掌握的熟练程度；团队协作精神的发挥。对立式角色扮演教学中，学生对角色矛盾与冲突的解决情况、突发事件的处理能力、人际沟通能力、说服能力等。通过评价使学生对个体完成学习任务的情况有清醒的认识，了解自己的长处和不足，哪些环节需要改进，知识掌握程度如何等。针对学生水平的差距，应有不同的要求。反馈与评价是密切联系的，评价的重点在于执行情况的优劣、任务完成的程度，反馈的重点在于教师从总体上对教学目标实现程度的总结，提出改进意见和建议，如图 6－2 所示。

6.3 角色扮演教学法的设计

角色扮演教学在实际的教学应用中并不鲜见，但要运用到位，真正能够提高学生的能力，需要在教学法的设计上重视以下几点：

6.3.1 教学材料与任务情景设计

教师必须准备好角色扮演中使用的教学内容材料，相对于教材的学科化、体系化，仅仅有课本内容往往是不够的，需要教师广泛搜集与教学有关的资料，并将教学内容与资料整

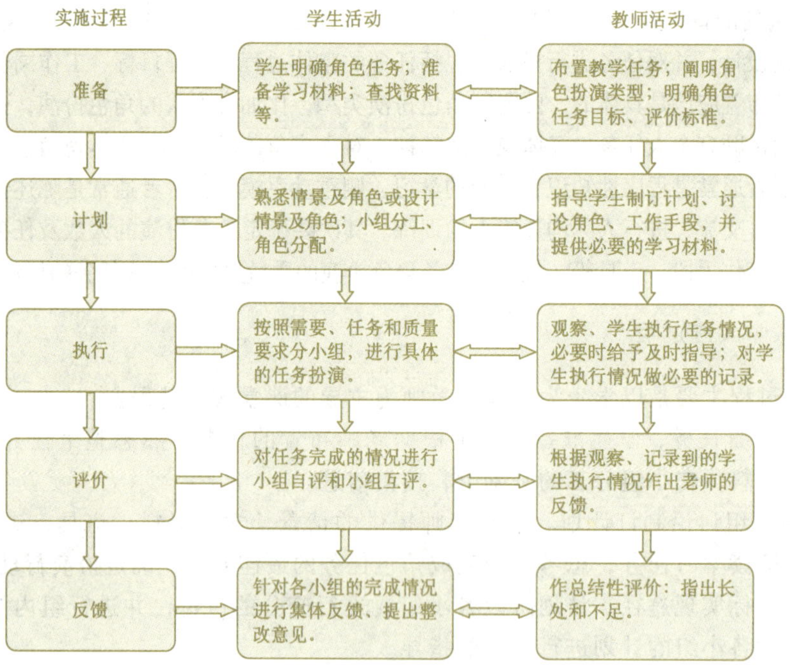

图 6－2　角色扮演法的操作步骤

理，资料要明确、简洁、主题鲜明、具有可读性，不是教材的复制。同时要使教学任务情景化，使教学与教学任务情景有效的融合，有助于学生通过完成任务深化角色的任务。

6.3.2　角色扮演的结构设计

角色扮演一般由一组学生或几组学生来完成。角色扮演活动演出的时间通常不能太长，人数也不宜太多。小组表演时间控制约 5～10 分钟为佳，角色扮演人数以 5～7 人最为适宜。

6.3.3　学生因素的设计

整个角色任务的执行过程，对学生的素质要求较高，需要学生自主学习的能力较强，并有参与意识，否则，教学活动很难顺利开展。在应用该法进行教学时，要对学生情况进行分析，了解学情，针对学生素质参差不齐的班级，教学时，可先采用单组型角色扮演，要求一组素质高的学员在台上表演，其余的学生在一旁观看，教师指导、课堂讨论的形式。对学生素质高的班级，采用多组型的角色扮演，采用竞争型模式，几组学生依次扮演，集体评价。

6.4　角色扮演教学法在专业课教学中的应用实例

6.4.1　角色扮演教学法实例应用 1

1. 课题：模块三　服务在延伸——客户服务中的迎送技巧（实践训练课）

   教材：《银行客户服务技巧运用》

2. 教学设计及评价（表 6－2、表 6－3）

表 6－2　　教学设计表格

学　　校	某某学校		
执　　教	××老师	授课班级	
课　　题	模块三　服务在延伸——客户服务中的迎送技巧（实践训练课）	授课时间	2 课时
使用教材	《银行客户服务技巧运用》		
教学对象分析	服务礼仪是金融事务专业学生必备的职业素质，通常在学生第二、三学期开设。为了便于进行职业活动导向教学法的实施，学生开学初自由组合以 5～7 人为一个学习小组，分组学习。以班级人数 45 人算，班级分为 7 个学习小组。		
教学内容分析	作为一门综合实践课，金融行业从业人员的礼仪主要通过个人形象礼仪（仪容、仪表、仪态）、日常礼仪（称呼、问候、介绍、握手、交换名片等）活动表现出来，只有通过实践才可以体会掌握。所以运用角色扮演法是一种很好的课堂学习形式。教材第三模块分别由三个课题：接待客户服务技巧；拜访客户服务技巧；送客的服务技巧，八个活动组成。主要体现的是从业人员日常礼仪，包括称呼、问候、介绍、握手、交换名片等服务礼仪，但日常礼仪的开展和客服人员的个人形象礼仪是融为一体的，个人形象礼仪是第二模块的学习内容。所以在设计教学活动时设计金融服务的情景，使学生置身其中，通过一定的角色扮演，反复演练，将书本的“礼仪”知识，成为学生实际交往中的自觉行为。		
教学目标	（1）认知领域。理解、体会称呼、问候、介绍、握手、交换名片的基本礼仪；几种礼仪交往的基本礼节、注意事项。 （2）情感态度领域。培养学生良好的个人礼仪素养，提高学生个人修养。 （3）行为领域。通过模拟实践、演练，逐步养成良好的礼仪习惯，将学到的“社交礼仪”知识变成自觉的行为；充分进行学科渗透，使学生良好的礼仪习惯、得体的举止，在商务交往中得以体现，实现形式为内容服务。 （4）层次目标。低层次学生目标：敢于上台表演分模块的模拟；中等层次的学生学习目标：敢于上台完整地表演老师给定的模拟情景，表演礼仪规范、溶入角色；优秀生学习目标：自编、自导、自演，表演到位。		
教学重点	学生对教学情景的准确把握和演绎，需体现个人形象礼仪和日常服务礼仪。		
教学难点	教师情景的设计，学生根据老师的脚本，对角色的理解和深化。		
教学媒体选择与教学环境的创设	本节课设在多媒体模拟实训室，教室布置模拟商务交往的场景，包括金融产品展示台、金融产品介绍资料、小组分模块表演区、综合表演区、观众区，分 A、B、C、D 四组，选出一名组织者，保证各组模拟顺利进行。		
教学方法	角色扮演教学法为主，融入案例教学与师生互动讨论。		

教学过程设计	教师教学指导
一、复习模块 2 客户服务中的个人礼仪；模块 3 客户服务中的迎送技巧 **活动一：秀出你的风采。** 每个学习小组推出两名同学展示个人形象礼仪。 要求：站出精神、坐出文雅、走出风采、展示出自信的微笑。 由学生自由发言对各小组的表现进行评价；老师对各组表现进行综合评价。	旁观学生自由发言对各小组的表现进行评价；学生老师对各组表现进行综合评价。

续表

教学过程设计	教师教学指导
活动二：观看礼仪录像，复习接待客户服务技巧，拜访客户服务技巧，送客的服务技巧。 **二、引入新课** 客户服务礼仪模块上完后，尽管在之前上课时，我们也进行了一些实际模拟训练，但都是简单的、孤立的，要真正使学生在人际交往中有吸引力，让别人乐于接近你，喜欢跟你交往，乐于接受你的建议，成功实现业务目的，就需要我们模拟一些符合银行交往的实际情景，将我们置身其中，通过一定的角色扮演，反复演练，将书本的“礼仪”知识，转变为我们实际交往中的自觉行为。 **活动三：银行客户服务礼仪技能综合训练。**	
1. 准备 （1）主题：将服务礼仪准确、恰当地运用于约见银行客户、接近客户中。	学生明确角色任务；准备学习材料；查找资料等。
（2）要求： ①体现礼仪在约见、接近顾客中的作用。包括：第一展现模拟者的仪表美：容貌端正，服饰整洁，打扮得体，彬彬有礼。第二展现模拟者的仪态美：站有站相，坐有坐相，举止端庄稳重，落落大方。 ②体现礼仪相见“五要素”：称呼、介绍、握手行礼、交换名片、交谈，要求表演到位。 ③情景选材：结合模块3金融个人业务中接待、拜访顾客、送别客户的内容，展示以理财产品为载体，分角色进行服务礼仪表演。可以以老师的故事为蓝本，也可自编、自导。 情景概述：某开发区搬进了一家大型企业，不少银行纷纷登门拜访，希望达成代发工资的合作关系。这天，位于开发区某银行支行的客户经理王勇和该企业负责人约好前去洽谈合作意向……	在教学过程中，教师布置教学任务；阐明角色扮演类型；明确角色任务目标、评价标准。
④模拟方法：角色扮演。 2. 计划 （1）学生按5～7人的学习小组，按照情景要求进行脚本设计，角色分配。 （2）根据老师模拟情景问题，自行讨论，构思脚本，布置场景，确定角色分工。	在学生准备过程中教师对各小组的准备情况进行及时指导。
3. 执行 学生各小组根据本次实践教学内容，准备进入实践角色扮演，各小组表演时间为6～8分钟。 4. 分析评价：用分项评分评出模拟成绩作为平时成绩。 每组派一名同学与老师组成评委进行评分（参见表6－3），在小组表演完后，各组长做自我简评，教师做综合评价。 5. 反馈：各小组表演的过程就是学生互相反馈的过程，学生可以互相取长补短，在评价中提出整改意见。教师在评价总结中指出各组表演到位之处，同时指出不足。师生共同讨论通过活动学到了什么，如何进一步训练，本节课是否达到了教学目标。	以小组为单位，各组总结操作过程中出现的问题及解决方法，寻找问题所在，提升认识水平。
布置作业	布置作业，提出具体要求。

3. 应用分析

（1）教学资源条件。《银行客户服务技巧运用》是实践性很强的课程，角色扮演教学法非常适合该课程的教学，但由于实行角色扮演教学法需要有一定的场地创设情境，涉及情景的转换，

表 6-3　　小组模拟训练评价表

项目 / 小组/姓名	服装符合规范（6 分）	仪表美（12 分）	仪态美（12 分）	礼仪五要素（50）					情景语言设计符合服务情理、规范；角色分配合理（20）
				称呼	介绍	握手礼	交换名片	交谈	
第一组									
第二组									
第三组									
第四组									
第五组									
第六组									

故应用该方法时要具备一定的条件，这些条件之一是教学场地要求。本案例可在银行模拟实训室借助于模拟银行大厅进行适当的布置，来进行角色扮演，如果条件限制，也可将普通教室进行分割，桌椅进行临时的重新布置，创设出教学场景。学生要进行分组，一般 6~7 人为一组。

（2）教学媒体。教学场所要配备必要的多媒体教学设备如投影仪、计算机等，教师可以通过多媒体进行视频演示。

（3）教学法实施过程中的注意事项。本教学法实施过程中充分的准备工作是很重要的，包括学生准备和教师准备。运用角色扮演教学法进行教学，从任务的布置、场景的设计、情景的描述，到学生分小组的扮演，评价教师需要付出大量的时间和精力进行课前设计准备。教师要提供角色扮演的情景设计，可将个人形象礼仪和日常礼仪要求以手册的形式发给学生、指导学生进行角色设计。学生则要根据老师所给的材料和要求。准备必要的道具、正装，根据老师所给情景，进行必要的场景布置和情景转换，组内进行分配并进行角色分配。准备环节可以提前以作业的形式要求学生课前准备，老师也可以临时设计让小组讨论，利用课堂完成计划并执行表演。

6.4.2　角色扮演教学法实例应用 2

1. 教学设计及评价（表 6-4、表 6-5）

表 6-4　　教　学　设　计

学　校	某某学校		
执　教	某某老师	授课班级	金融二年级
课　题	银行卡营销技巧实训	授课时间	2 课时
使用教材	《银行卡业务》		
教学对象分析	本节课的教学对象是金融事务专业二年级的学生，学生已经学了《金融基础知识》、《银行产品营销与服务》、《银行卡业务》。职校学生学习动力不足，很多学生学习目标不明确，学习自觉性、主动性较差，因此职校的教育方式与普通教育的教育方式也有较大的区别，传统的讲授式的教学方式体现在课堂上，老师辛辛苦苦，学生昏昏欲睡，厌学情绪严重，更谈不上学习兴趣了。所以采用角色扮演法让学生参与其中，能充分调动起学生的学习积极性。		
教学内容分析	信用卡销售是各商业银行越来越重视的一项业务，银行信用卡岗位技能主要包括两部分：一部分是指 POS 机的操作、使用，指向收银员岗位；另一个是指信用卡营销：对于信用卡，从消费者角度考虑是如何以最低成本使用信用卡。消费者选择信用卡的原则是：（1）是否办信用卡，有无必要的考量；（2）如何办理信用卡，办哪家银行的信用卡。从银行信用卡营销的角度来讲：如何说服顾客购买本银行的信用卡，涉及营销人员业务素质和人际沟通技巧。着重体现对学生知识、技能和态度三者综合素质的整体培养。		

续表

教学目标	（1）认知领域目标。正确地理解仪表仪态美的内涵、客户沟通的内涵和技巧； （2）情感与态度目标：以小组为单位的学习形式，进行模拟情景角色练习，调动学生的参与积极性，增强同学们相互交流、合作的意识、培养学习的主动性；培养学生与他人合作交流、研究创新的能力。在模拟练习及角色扮演练习中，了解客户对银行卡的功能需求，在服务中形成待客主动、热情、耐心、周到，并切实为客人着想的服务态度；同时培养学生服务意识和应变能力。 （3）行为能力领域目标：充分进行学科渗透，使学生形成良好的礼仪习惯、得体的举止，在商务交往中得以体现；训练学生良好的人际沟通能力、营销技能；对信用卡使用的正确认识。
教学重点	银行卡营销技巧、能运用营销技巧发现客户
教学难点	教师情景的设计、学生根据老师的脚本，对角色的理解和深化。
教学媒体选择与教学环境的创设	本节课设在多媒体模拟实训室，教室布置模拟商务交往的场景，包括金融产品展示台、金融产品介绍资料、小组分模块表演区、综合表演区、观众区，分 A、B、C、D 四组，选出一名组织者，保证各组模拟顺利进行。
教学方法	角色扮演教学法为主，融入案例教学与师生互动讨论

教学过程设计	教师教学过程指导
一、复习旧课、提问 **活动一：什么是银行卡、信用卡、借记卡？它们之间有何区别？** 金融产品是当前各银行非常重视的主要竞争手段，信用卡作为银行零售业务的核心，受到了各家银行的高度关注，所以信用卡营销技能是学生必备的职业技能。	活动一的评价：由学生自由发言对各小组的表现进行评价；学生老师对各组表现进行综合评价。
二、导入新课：信用卡营销。 实施过程和步骤。 **活动二：信用卡营销** 1. 准备 （1）布置课题：教师根据教学的内容提出有关的情境及问题，要求学生以表演的形式训练服务客户，实现营销目标的技巧。	学生明确角色任务；准备学习材料；查找资料等。
（2）设计情景。 老师提出具体情景案例设计思路：信用卡销售是各商业银行越来越重视的一项业务，银行信用卡岗位技能主要包括两部分：一部分是指 POS 机的操作、使用，指向收银员岗位；另一个是指信用卡营销。从消费者角度是如何以最低成本使用信用卡：包括是否办信用卡、办几张信用卡，如何办理信用卡，办哪家银行的信用卡。从银行信用卡营销的角度来讲：是如何说服顾客购买本银行的信用卡。涉及营销人员业务素质和人际沟通技巧。作为学生的能力来讲还涉及学生对信用卡使用的正确认识，学生财商的训练。 情境地点：某商场门口几家银行信用卡销售摊位。 2. 计划 （1）学生分组。 （2）角色分配： 甲银行信用卡柜台前：A—信用卡销售员；B—信用卡销售员 乙银行信用卡柜台前：C—信用卡销售员；D—信用卡销售员 C—信用卡潜在顾客；D—C 的朋友 （3）角色分工及排练：学生按 5～7 人的学习小组根据课堂学习内容，老师提出的情景设计思路，由学生自行讨论，构思脚本，布置场景，确定角色	布置教学任务；阐明角色扮演类型；明确角色任务目标、评价标准。

续表

教学过程设计	教师教学过程指导
分工。要求既要体现信用卡销售员的营销技巧又要体现消费者的办卡过程中的理性选择，体现财商训练。 3. 执行：分角色表演 4. 分析评价与反馈 由于角色是信用卡推销员和信用卡使用者，二者的需求不同，信用卡销售者希望把卡推销出去，而办卡人则从理财的角度考虑用卡成本。此案例整合了个人投资理财的知识和信用卡销售岗位技能，通过角色扮演，在消费者和银行之间形成了一对矛盾冲突。通过角色扮演，一方面训练了学生信用卡职业岗位所应具备的沟通能力，另一方面学生作为消费者个人对正确使用信用卡有了进一步的认识。将个人投资理财知识融于实际应用中锻炼了学生的理财技能。 由学生扮演情景中的角色，再现情景中的情境，给学生以真实、具体的情境感受，然后引导学生对模拟角色的表现进行评析。这种教学为学生提供了一个展示的舞台、表现的机会，更能让学生“动”起来。在角色扮演的时候，学生声色并茂，有助于提高学生的表现能力，为课堂带来了活泼的气氛。	学生各小组根据本次实践教学内容，准备进入实践角色扮演。 以小组为单位，各组总结操作过程中出现的问题及解决方法，寻找问题所在，提升认识水平。
布置作业	布置作业，提出具体要求。

表 6－5　　教学设计评价

活动内容	评分标准	得分	其　他
前期准备 （50%）	服务礼仪 角色分配合理 脚本设计合理，语言有感染力 工作任务掌握准确，熟悉营销流程		
项目实施 （40%）	角色演绎到位，信用卡营销员营销技巧 信用卡知识掌握程度 沟通技巧		
项目总体评价 （10%）	项目整体印象		

2. 应用分析

（1）教学资源条件。本案例同实例应用 1 一样，可在银行模拟实训室借助于模拟银行大厅进行适当的布置，来进行角色扮演。学生要进行分小组（一般 6 ~ 7 人），与实例 1 相比，本案例设计的重点在于信用卡的营销技巧的训练，但实例 1 中关于营销人员的个人形象礼仪和日常礼仪已经作为营销人员的基本素质要求，融入到其日常行为中，所以实例 2 比实例 1 侧重于营销过程中的沟通技巧，同时在实训中也融入普通民众对信用卡的使用选择，使学生对使用信用卡有了正确认识，培养了学生的财商。

（2）教学媒体。教学场所要配备必要的多媒体教学设备，如投影仪、计算机等，教师可以通过多媒体进行视频演示。

（3）教学法实施过程中的注意事项。本教学案例实施过程中教师充分的过程性指导是教学法顺利、成功实施的关键。首先，对学生分组的指导。在进行小组划分时，任课教师应事先对学生进行了解，掌握学生的特点和特长，对不同组织能力和动手能力的学生进行合理搭配，以保证分组的合理性，使教学更有效率。其次，教师要进行充分的备课。提供角色扮演的情景设计、演示手册，指导学生进行角色设计。比如，在本案例中教师在提供情景思路以后，在各小组进行讨论，构思脚本。在分配角色的过程中学生的思路可能会有局限，老师要在巡视中不时加入讨论，对学生遇到的关键问题予以及时解决，使计划尽可能完善，增强可操作性。学生根据老师所给的材料和要求，准备必要的道具、正装，根据老师所给情景，进行必要的扩充设计场景的布置和情景的转换，组内进行角色分配与演练。最后，本案例的应用。如果准备环节以作业的形式要求学生课前准备和计划，则上课可以直接从执行开始，完成全部各小组的一次性实践课程大概需要 2 ~ 3 个课时。这对学生的素质要求比较高，学生必须有较高的自觉性，否则课堂执行往往是小组少数学生参与，老师无法总体上把握每个学生的学习情况并给予指导。如果学生的准备和计划在课堂中完成，则完成全部各小组的一次性实践课程教学过程大概需要 4 ~ 5 个课时。课程计划以小组讨论、分工的形式完成，全员参与，这种方式的好处是教师可以清楚地观察到每个学生参与小组学习的程度并及时加以指导。

6.4.3 角色扮演教学法实例应用 3

1. 教学设计（表 6 – 6）

表 6 – 6　　教　学　设　计

学　　校	某某职业学校		
执　　教	某某老师	授课班级	某某班级
课　　题	储蓄业务实践与服务	授课时间	4 课时
使用教材	《银行柜面业务处理》		
教学对象分析	是金融事务专业学生必备的职业素质，通常在第二、三学期开设。 为了便于进行职业活动导向教学法的实施，学生开学初自由组合，以 9 人为一个学习小组，分组学习。如果一个班级人数 45 人，该班级可分为 5 个学习小组。		
教学内容分析	银行柜面业务是金融事务专业的一门专业核心课程，学生通过学习掌握银行柜面业务的基本知识、具备处理银行柜面业务的基本技能和专业技能。		
教学目标	本实训教学课程主要针对将在银行从事具体业务操作的中职生，注重理论与实践的结合。 （1）知识目标：通过不同角色的扮演，使学生熟悉商业银行柜面，包括结算业务、中间业务、银行卡业务等主要业务的岗位操作流程与技能要求。 （2）态度目标：建立遵纪守法的行为规范；养成严谨认真的工作态度；具有爱岗敬业的职业精神。 （3）能力目标：包括通过教学促使学生掌握银行柜员各岗位操作技能，能胜任上述各项银行业务；掌握标准的职业规范礼仪服务；培养学生在银行柜员岗位上的协调、沟通能力；培养学生面对银行柜面突发事件的处理能力。		
教学重点	学生对教学情景的演绎是否到位，是否到位地体现了个人形象礼仪和日常服务礼仪。		
教学难点	教师情景的设计；学生根据老师的脚本，对角色的理解和深化。		
教学媒体选择与教学环境的创设	本节课设在多媒体模拟实训室，教室布置模拟商务交往的场景，包括金融产品展示台、金融产品介绍资料、小组分模块表演区、综合表演区、观众区，分 A、B、C、D 四组，选出一名组织者，保证各组模拟顺利进行。		
教学方法	角色扮演教学法为主，融入案例教学，师生互动讨论。		

续表

教学过程设计	教师教学过程指导
一、复习旧课：人民币、外币储蓄操作流程 二、导入新课： 1. 教师布置学习任务：储蓄业务实践与服务 （1）工作岗位（角色）设置：9 个。 银行柜台员工： A 为个人业务柜员（普通柜员）	活动一的评价：由学生自由发言对各小组的表现进行评价；老师对各组表现进行综合评价。
B 综合业务柜员（柜台长） C 为 VIP 客户柜员（贵宾客户柜员） D 为柜台主管（管理整个柜台业务不从事具体业务操作） E 为大堂理财经理负责咨询和理财服务 客户： 贾名、张兵、张晓月	学生明确角色任务；准备学习材料；查找资料等。
（2）角色扮演类型： ①对立型角色扮演 ②角色互换表演 （3）创设情境、确定问题。 创设好的教学情境是成功运用角色扮演的基础，根据教学内容，把教学策略具体化是实施角色扮演教学的关键。根据学习者的发展需求创设真实的情境，从情境中选出与当前学习主题密切相关的真实事件或问题，让学生去解决。 **情境设计**：在类似于上述图片的仿真银行营业大厅里设综合业务服务窗口一个、对私服务窗口一个、VIP 柜台一个，大厅设综合理财服务柜台一个（开放式），客户休息等候座位两排，柜台内包括计算机、算盘、点钞机等情景设计。 **人物**：银行柜台员工：A 为个人业务柜员（普通柜员）、B 综合业务柜员（柜台长）、C 为 VIP 客户柜员（贵宾客户柜员）、D 为柜台主管（管理整个柜台业务不从事具体业务操作）、E 为大堂理财经理负责咨询和理财服务。 **业务 1**：办理有关人民币储蓄业务，准备将银行卡中的 8000 元活期储蓄转为 1 年期的定期储蓄，并要求到期时自动转存。 **客户资料**：姓名贾名；证件类型：身份证；号码：111968210636766124	布置教学任务；阐明角色扮演类型；明确角色任务目标、评价标准。
业务 2：急匆匆赶来要挂失刚丢失的银行卡密码，很着急。 **客户资料**：姓名张兵；证件类型：身份证；号码：111968210636766123	学生各小组根据本次实践教学内容，准备进入实践角色扮演。
业务 3：客户张晓月到银行存款，银行柜员 A 在清点时发现一张假币。A 向客户解释说："对不起，这是一张假币，按人民银行规定应没收。""你凭什么说是假币，这是我刚从某某银行取出来的，还没打开呢！"客户大声的回应。接下来问题该怎么解决呢？ 客户资料：姓名张晓月；证件类型：身份证；号码：111968210636766126 （4）描述组织情况和扮演流程： 工作岗位分配数：根据情景，设计 5 个银行岗位角色和 4 个客户角色，并相应赋予角色任务。 时间安排及具体角色扮演执行：根据设计的银行模拟大厅的情境及情景赋予角色的任务，计划 2 个课时。	以小组为单位，组内总结操作过程中出现的问题及解决方法，自我反思小结，寻找自己的问题所在，提升认识。

续表

教学过程设计		教师教学过程指导
附：工作岗位（角色）任务描述： A 为个人业务柜员（普通柜员）。 柜员职责： ①对外办理存、取款等业务。每笔业务必须当时处理，立即输入电脑，做到一笔一清。 ②领用营业现金和存折、存单等重要空白凭证和有价单证，保管本柜台储蓄专用日戳（业务公章）和个人名章。 ③每日营业终了，办理柜台轧账，打印轧账单，清理、核对当班库存现金和结存重要空白凭证及有价单证，收捡储蓄专用日戳（业务公章）。结存现金，重要空白凭证及有价单证放入专用钱箱（柜）后交综合柜员集中保管。 B 为综合业务柜员（柜台长）。 2. 学生准备并制订计划 学生按各小组对角色进行分配、任务分工。要求学生对本节课应用知识进行梳理、明确各角色知识和技能要点，对个别角色设计解决方案，如银行柜员与顾客冲突情节的发生、进展、解决等，提高角色的临场应变能力。 3. 角色扮演（执行） 角色扮演流程：角色进入设定的银行模拟大厅，各银行岗位角色进入各自岗位，按岗位工作要求做好岗前工作准备，进入工作状态；客户贾名进入银行大厅，来到柜员 A 柜台办理业务，柜员接待服务热情周到、服务规范，业务顺利完成；客户张兵神色紧张的匆匆走进银行大厅，负责咨询和理财服务的大堂经理 E 见状迅速上前询问，了解到客户赶来要挂失刚丢失的银行卡后，安慰客户并迅速引导客户到暂无业务的 VIP 柜台办理，客户满意而归；客户张兵来到综合柜员 B 处办理单位业务，由于他是刚刚担任公司出纳，对出纳业务不熟悉，进行了多项业务的咨询，B 做了一一解答，顾客似乎并不满意，走出银行大厅；同时客户张晓月走入大厅，随着业务的进行，对假币的争执使得银行大厅喧闹起来…… 4. 评价与反馈：各小组对本组的表演进行自我评价，老师对各小组进行评价，并对本次实践课进行综合评价（见表 6－7）。		
布置作业		布置作业，提出具体要求。

表 6－7　　角色扮演教学效果评价表

角色名称 表现评价	A	B	C	D	E	甲	乙	丙	丁
仪容仪表 业务操作 与客户有效沟通									

2. 应用分析

（1）教学点评。该案例在一个完全仿真的银行大厅里，学生分别扮演情境中的普通柜员、VIP 柜员、柜台长、柜台主管、大厅理财经理，三个客户分别扮演具体业务的需要者。进入角色，银行柜台员工扮演者通过模拟交换岗位熟悉柜台业务，大厅理财经理负责咨询、解决突发情况，引导客户；客户扮演者，了解银行不同柜员的业务类型，制造一些冲突，在业务扮演过程中进行人际沟通交流的训练，在角色扮演中学习知识、理解知识、掌握技能。

通过将学生分组并分配不同角色，让其尝试不同的角色岗位演练，让学生在“做中学”，“学中做”，掌握银行柜面业务操作技能，培养学生与人沟通、交流、说服他人的能力；让学生通过完成项目任务获取新知识、掌握新技能，训练学生的业务操作能力，培养学生适应岗位的能力，达到学以致用的目的。角色扮演法使情境模拟教学法具体化，使学生真正参与其中。由学生扮演模拟情景中的角色，再现情境中的情景，给学生以真实、具体的感受，然后引导学生对模拟角色的表现进行评析，使学生在自主探索与合作讨论中获得知识，并转化为自身的能力。同时，在角色扮演的时候，学生声色并茂，有助于提高其表达能力。

（2）教学资源条件。本节教学要求在银行模拟实训室展开，实训室建设模拟真实的银行服务大厅，一般可满足教学的需要。实训室配备必要的多媒体教学设备，如投影仪、计算机、教学软件等，教师可以通过多媒体进行视频演示，普通教室教学难以取得最佳效果。

（3）教学法实施过程中的注意事项。本案例训练旨在让学生掌握对私业务柜员岗位操作技能与服务礼仪技能，应安排在对私业务模块课程学完后进行。同实例2一样要重视教师的指导作用，发挥学生的主体作用。其次教师的准备工作要做得很细，如在案例中，先要以文本的形式，对银行柜员、顾客大堂经理的角色任务作出清晰的描述，使学生明确工作开始的信号以及进行的步骤。

本次实例虽然是学生学习掌握对私业务柜员岗位操作技能与服务礼仪技能，但对银行柜面业务课程的各个模块都可以通过上述教学设计模式进行情景模拟、角色扮演法教学。

7 案例教学法在金融事务专业教学中的应用

7.1 案例教学法概述

7.1.1 案例教学法简介

案例教学法起源于20世纪20年代，由美国哈佛商学院所倡导，所选案例均来自于商业管理中的真实情境或事件。此种教学方式有助于培养学生主动思考问题和主动参与课堂讨论，实施之后颇具成效。20世纪20年代，师资培训课程开始重视案例教学，1986年美国卡内基小组的报告书中特别介绍案例教学法在师资培育课程的价值，并将其视为一种相当有效的教学模式，国内教育界在20世纪90年代之后开始探究案例教学法。

案例教学法是一种以案例为基础的教学法，本质上是提出一种教育的两难情境，没有特定的解决之道。教师在教学中扮演着设计者和激励者的角色，鼓励学生积极参与讨论，而在传统的教学方法中教师则扮演着知识传授者的角色。通常，案例教学要经过事先周密的策划和准备，要应用有特点的案例并指导学生提前阅读，组织学生展开讨论或争论，形成反复的互动与交流。案例教学一般要结合一定理论，通过各种信息、知识、经验、观点的碰撞来达到传授理论和启迪思维的目的。

7.1.2 案例教学法在金融事务专业教学中运用的可行性分析

金融案例教学法以实用主义为原则，重在培养学生的创新能力，鼓励提倡学生作出与既有答案不同的结论，以培养他们的个性化思维。同时，案例教学法提高了金融专业教师的专业水平，调整其专业知识，拓宽专业口径，促使教师在教学领域为社会作出更有实践意义的学术成果。案例教学中体现了“师生互为主体”，课程内容从以前的应试教育转变为更重视教学实际效果。

金融案例具有图文并茂或数表同存、牵涉面或宽或窄、主体范围几乎没有限制、体裁多样、时效性强等特征。所用案例可以来自日常的教学积累，也可以来自广播电视、报刊的金融事件，随讲随用。如在讲授金融监管案例时，运用巴林银行真实业务中所采取的实际操作，学生兴趣顿生，关注倍增，产生进一步学习的欲望。又如在讲授投资银行时，引入次贷危机案例，让学生设身处地把自己置身于投资银行特定的“工作环境”中，给自己假设一个或几个职位，从而积极参与分析并作出决策。他们甚至在不同案例中扮演不同“角色”，以满足自己的好奇心，培养自己对未来工作的责任心。

在授课过程中，金融专业教师可以用丰富的身体语言，富有情趣的讲解，安排合理的知识结构梯度，营造良好的课堂气氛；通过观察学生对讲课内容的反应，及时判断学生对教师所讲内容的掌握程度；遇到疑难问题时，教师要巧妙地点拨引导，尤其要使复杂的金融问题简单化；在讲课技巧上，教师既可通过如美元、欧元等实物展示，亦可以运用幽默的言语讲述经济新闻、杂谈等方面的知识来吸引学生；在需要补充一定的课外数据或网络信息时，坚持以教材为主、数据为辅的主辅位置不颠倒，避免丢开教材讲数据或补充数据过多导致学生无所适从的问题。

7.1.3 金融事务专业案例教学法的作用

目前，中职金融教学文化基础课与专业课之间、专业课中理论课与实践课之间的比例安排不尽合理，存在文化基础课教学力度薄弱和实践课比重过小的问题，不利于中职毕业生继续学习和进一步的提高，影响学生掌握熟练的职业技能和适应职业变化能力的形成。金融案例教学既注重理论教学环节，更注重实践教学环节，是以金融案例情节为线索，在课堂理论教学的基础上，使学生自觉地进入金融工作的“现场”，充当其中的“角色”，让学生具有模拟实践的经历，促使他们勤于思考、善于决策，举一反三，变被动听课的过程为积极思维、主动实践的过程，因此是一种适用、有效的启发式金融教学方法。

首先，有利于提高教师素质，提高教学质量和教学水平。案例教学法对教师的知识结构、教学能力、工作态度及教学责任心提出了比传统讲授方法更高的要求，既要求教师具有渊博的理论知识，又要求教师具备丰富的实践经验，并将理论与实践融会贯通；既要求教师不断地更新教学内容、补充教案，又要求教师更加重视社会实际现状，对现实中的问题保持高度敏感，不断地从社会实践中寻找适宜教学的案例。采用案例教学法可调动教师备课的积极性，更好地发挥教师在教学中的主导作用，使教学活动始终处于活跃进取的状态，不断推陈出新，提高教学质量和教学水平。

其次，有利于增强学生学习的自觉性，提高学生分析问题和解决问题的能力。案例教学法对学生的要求更为严格，因为案例教学的特殊性，使学生由被动接受知识转变为接受知识与主动运用知识并举，学生将应用所学的基础理论知识和分析方法，对教学案例进行理论联系实际的思考、分析和研究。应用案例教学法，还要求学生对知识的广度和深度有新的开拓，进行一系列积极的创造性思维活动，充分体现了学生在学习中的主体地位。因此，案例教学法是一种培养开放型、应用型人才的好方法。

再次，有利于增加教师和学生在教学中互动。在传统教学中，教师是传授者，学生是消极的接受者，教师提供理论知识，学生囫囵吞枣地接受；而在案例教学中，教师与学生的关系是“师生互补、教学相辅”。这种教学法将使学生积极参与，在阅读、分析案例和课堂讨论等环节中发挥主动性。教师在案例教学中则始终起着“导演”的作用，既要选择好的“剧本”即符合教学需要的案例，又要在课堂讨论中审时度势、因势利导，让每一个学生充分地发挥，获得最大的收益。

7.2 案例教学的环节

7.2.1 金融学科案例教学的课前准备

（1）确定本次课的教学目标

教师必须为每堂案例课确定具体的教学目标，明确本次课要通过什么途径达到什么样的目标，最终要求学生掌握哪些金融学原理和实务操作等。教学目标明确后，教师才能够据以选择、编写适当的案例教材实施教学。

（2）选择适当的案例材料

金融学科教学案例的选择要体现典型性和启发性。在案例设计时，要根据教学目的与要求，正确处理教学内容与案例的关系，选用能够反映教学内容的典型案例，起到举一反三的作用。案例的选择和编写还应尽量与我国当前的金融体制改革及国际金融领域的热点、焦点和难点问题相结合。同时，要准备与案例密切相关的阅读材料，包括原理、原则等理论提纲。金融学科案例本身既不是纯理论性的内容，又不是简单的事例，它包含着需要思考的内容和问题。

（3）确定本次课案例分析的形式

常用的案例分析形式主要有比较分析形式、模拟实践形式、对抗辩论形式、提问形式、讨论形式、角色扮演形式和书面分析报告形式等，每种形式各具特点。教师应根据教学的目标、课程的要求和学生的特点等来选择适当的案例分析形式。根据金融学科课程的特点，应以讨论形式和书面分析报告形式为主。

（4）确定本次课案例分析的内容

即确定本次课案例分析的基本任务，在课堂上所要分析讨论的问题及采用的方法。具体包括提出若干需要分析讨论的金融问题；分析这些金融问题可能采用的方法，是定性方法还是定量方法；最后作出金融决策或形成方案。同时，对于学生可能会有的反应，都应事先作好充分的准备与安排。

我们从《保险》课程中选取其中有关财产保险合同转让中存在的法律问题为例，来看案例教学法课前准备的步骤：

①确定本次课的教学目标为通过案例理解保险合同中有关财产转让条款的作用。

②这类案例主要的分歧以及在实践中如何作出正确的判断。

有关第三者责任的案例

背景资料

1997年5月20日，山东省青岛市某公司在该市保险公司为其所有的一辆东风牌货车投保了第三者责任险，保险期自1997年5月21日零时起至1998年5月20日24时止，赔偿限额20万元，不约定驾驶员。保险公司签发的保险单内的"注意"栏内注明：保险车辆过户，请向保险公司办理批改。保单背面印有中国人民银行下发的《机动车辆保险条款》。合同签订后，某公司依约缴清保费。1997年9月17日，该公司将投保的货车转卖给个体司机李某，未办理车辆过户手续，车辆的行驶证户头仍为该公司。该公司转卖车辆，既未通知保险公司，又未向保险公司申办保险批改。李某具有保险车辆的准驾驶证，购车后投入营运，于1997年12月5日发生重大交通事故，造成1人死亡、1人重伤的严重后果，交通事故处理协议书认定李某负全部责任，并裁定其赔偿受害者及家属丧葬、伤残、医疗等项费用共11230元。为此，李某和某公司一起向保险公司提出索赔，保险公司受理此案后，经反复调查取证后，以某公司违反保险合同，未通知保险人和申办批改而实际转卖了保险车辆为由拒绝赔偿。

③确定本次课案例分析的形式。根据本案例的特点，可选择讨论形式和书面分析报告的形式。

④确定本次课案例分析的内容。即确定本次课案例分析的基本任务，在课堂上所要分析讨论的问题及采用的方法。根据本案例提出了两种观点。

观点一：从投保人利益出发，认为保险公司应该支付赔款。理由有：一是某公司与李某的汽车转让行为因未办理过户手续尚未生效，该货车所有权仍为某公司所有，不存在转卖车辆而要向保险公司书面通知和申请批改。二是本案中，某公司作为被保险人的地位没变，其与保险公司的合同并未约定驾驶员，而李某系有保险车辆准驾驶证的驾驶员，在保险期内使用保险车辆发生意外，致使第三者遭受人身伤亡或财产的直接毁损，符合第三者责任险的构成要件，保险公司应赔。

观点二：保险公司不应承担赔偿责任。理由是：某公司有违约行为，保险公司有免责事由。本案中，保单背面的《机动车辆保险条款》第二十三条规定："在保险合同有效期内，保险车辆转卖、转让、赠送他人或变更用途，被保险人应事先书面通知保险人并办理批改。"某公司在保险期内将保险车辆转卖给李某，虽然该车未依法办理过户手续，但李某已向某公司支付了购车款，并成为该车的实际控制者，负责该车的营运，转卖事实已经成立。某公司事先事后都未通知保险公司变更合同，已构成违约，保险公司对转卖后发生的责任事故不承担责任。

请同学们在课堂上进行讨论，并形成每个小组的书面报告，最后由教师进行点评。

7.2.2 金融学科案例教学的实施

（1）制订实施计划——将某一案例具体化（见表7－1）。

（2）组织实施

①先从小的案例教学入手。

②小案例教学可在每节课前15～20分钟进行。

表7-1　　案例教学法实施步骤

序号	阶段	具体行为步骤	方法
1	介绍	介绍案例 分析案例情况 （有可能也讨论一下问题或方法）	描述问题 深入了解问题 确定目的和主导问题
2	信息	尝试让学员通过已有的知识、推断和意愿，在有或没有必备材料的前提下提出答案	考虑和计划解决问题的方法
3	研讨	计划解决问题的方法 搜集和整理材料	为解决问题有目的地使用材料
4	决定	选择决定并说明其理由	主观地、经过商议地和能说明理由地解决问题
5	辩论	报告和讨论所作的决定	在整个关系中，评估和整理问题答案
6	检查	结合实际比较答案，有可能的话提出新的问题	反思和转换

③学生适应后再进行大的案例教学。

④把学生分成若干个组，在规定的时间让学生阅读材料。

⑤让学生互相提问题并解答。

⑥让学生对案例进行展示。

⑦教师把学生的答案进行归类。

⑧教师对学生的案例进行评价和总结。

金融学科案例教学在实施中，大致可分为案例引入、案例讨论、概括总结三个基本环节。

第一个环节：案例引入。这是指案例讨论开始前，教师将所选定的金融案例通过口述、幻灯、图表、影像及文字等形式完整地向学生陈述，使学生对该案例有一个大概的了解。教师陈述完毕后，应提出与该案例最相关及最关键的问题来供学生讨论。例如，哪些金融数据信息至关重要、各个金融变量之间的关系是怎样的、在什么条件下这些金融变量开始互相作用、解决问题的方法有哪些、什么样的解决方案是最适宜的、应制定怎样的实施计划，等等。

第二个环节：案例讨论。案例讨论是金融学科案例教学的中心环节。在这个环节中，学生对案例中各个金融变量之间的关系及教师所提出的问题进行深入广泛的发言和辩论。在讨论过程中，教师不再是说教者和管理者的角色，而成为教学的组织者和引导者。在金融案例讨论中，教师要完成的工作主要有：

一是调动学生参与案例分析和讨论的积极性。在金融学科案例教学中，学生与教师之间的互动是主导学习讨论的关键。在整个讨论过程中，教师是引导者、催化者、倾听者，学生才是教学活动的主角。教师的任务是营造适于案例讨论的教学气氛。对于那些发言较少的学生，教师要想办法启发他们，调动他们发言的积极性。此外，在讨论中学生认识上的不同是正常的，应该让所有学生都有表述他们观点的机会，并了解其他人的不同观点。教师应保持中立的态度，接纳与包容学生的反应（包括负面反应），使学生摆脱“唯一标准答案”的枷锁。

二是控制课堂讨论的进度和局面。案例的课堂讨论应该是井然有序的，教师要把握案例的重点内容，根据讨论问题的重要性来分配时间，及时实现课堂讨论中心的转移。由于金融学科课程的抽象性，案例教学在讨论中容易出现一些偏差，如学生发言内容过于分散而偏离案例讨论分析的主题，或者发言过于简单、发言时间过长或过短而影响课堂教学的进程，因此教师应及时发现偏差并采取相应措施予以纠正，以保证预期教学目标的实现和教学任务的完成。

三是适时提出关键性问题引导学生讨论。教师的另一个任务是在讨论过程中积极引导，避免学生因准备知识不足而无法进行讨论。在金融学科案例教学中对某个问题可能会出现多种不同形式的理解。事实上，各种金融变量对经济运行环境影响的程度和方向也是不同的，有的甚至是互相制约或完全相反的，何者为因、何者为果的关系有时并不完全明了，因此教师在讨论的关键时刻要随时提出具有启发性的、学生容易忽视的问题。这些问题可以促使学生对某一现象进行更深入的思考，也可以促使他们调整自己的视角，注意那些更重要的变量关系，从而使讨论能够深入地进行。如果学生虽然有一些观点，但逻辑不甚明确，这时教师可以通过提问、总结和引导等方式，帮助他们对自己的观点进行重新表述或汇总，从而使学生的观点更为明确、逻辑更加清楚。

四是做好学生讨论情况的记录。教师应及时在黑板上记录学生对各个问题的发言要点。这样，当讨论结束时，该记录就是比较完整的问题解决方案和实施计划。同时，教师还应对学生的表现进行记录和监控，这些记录一方面可以作为学生成绩评定的依据，另一方面也有助于促使学生积极发言、参与案例的讨论。

第三环节：概括总结。案例讨论结束后，教师应对讨论情况进行简单的总结和评价。金融学科的许多案例并没有唯一的或完全正确的答案，因此总结并不是给学生提供案例的标准答案，也不是评论学生发言的对错，主要应该就案例中的关键点、分析过程及学生的课堂表现作一总体评价。比如，学生的发言是否踊跃、准备是否充分、是否较好地运用了专业知识、分析深度如何、思路是否开阔、是否有所创新等。教师在总结中还应揭示案例中所包含的金融理论和原则，并与学生分享学习的心得，强化以前学习过的内容，使学生所学知识融会贯通。

7.3 案例的设计和编写

7.3.1 金融学科案例的组成和类型

（1）组成（三部分组成）

①案例介绍；

②提出问题；

③寻求答案。

（2）类型

①信息式案例——搜集信息的形式；

②问题式案例——以调查和解决问题的能力为主；

③陈述式案例——叙述一个事件的情境；

④决策式案例——体现解决问题的具体过程；

⑤条例式案例——把涉及的背景、问题、解决方法、评论等排列起来写出的案例；

⑥实录式案例——把实际发生的事件原原本本地记录下来，最后提出一系列供参考和讨论的问题。

7.3.2 如何设计和编写金融案例

（1）设计的要求

①设计案例时要考虑现实性——学生的素质和能力、已掌握的金融基础知识。

②设计的案例要来自实际环境中或学生身边熟悉的金融事件。

③设计案例要考虑未来性——对于今后学习有指导意义，如在学习“金融基础”过程中要能够联系“金融营销”的一些案例。

④要给学生分配任务，对搜集到的信息进行分析，对问题的各方面进行解答。

（2）案例设计的视角

在简单介绍一些重要的知识后，教师应清楚地知道哪些领域是特别适合为学生学习而进行案例开发的。为达到这个目的，有很多种设计方案可以采用。这些设计方案还需要考虑多方面的因素。下面简单介绍一些尤其重要的因素：

①问题范围与复杂性。案例中问题的覆盖面很广，可以从非常棘手的专业问题到简单的工作任务。就这一点来说，案例研究的问题原则上可以取决于学生、学习对象、要求和框架条件。案例的复杂度也存在变化性；此外，由相关元素的类型和数量构成的内在结构也会发生变化，当然还包括这些元素之间存在的联系。

②学习环境（信息环境）的开放性/封闭性。一个基本的设计通常是将案例研究的学习环境设计为封闭的或者带有部分开放性。封闭性是指在研究案例中，相关的信息都已经给出。开放性是指根据需要，学生也可以（通过互联网或者企业）筛选相关信息。

③问题解决方案的开放性/封闭性。由于问题的复杂性，必然会出现多样化的解决途径和解决方案。这反过来也促进了学习方法的总结。

（3）写案例的要求

编写案例，写作者必须清醒地认识到，案例反映的是一个真实的事件，要能激发大家的思考。一个好的案例应该是部分真实生活的折射，能够引发教师和全体学生学习和思考。

写好案例应遵循以下程序：①选择一个或几个典型的案例；②对选择的案例进行分析；③运用头脑风暴法，要求每一个教师提出自己教学经历中曾遇到过的疑难问题；④把所有问题归类；⑤教师分头撰写案例初稿（2000 字左右）；⑥案例会议，对所写的案例内容和形式进行讨论，提出意见；⑦确定最终的案例编写的形式和内容。

（4）案例写作中要注意的问题

①要有较扎实的经济金融知识基础。个案研究要准确把握现象背后的理论内涵，以合理的逻辑证明作者的基本观点。这就要求首先要找准其适用的理论框架。抓住案例的实质，并找到合适的理论框架是一大难题。这就有赖于平时的知识积累。要做到灵活自如地用规范的理论诠释现实中的经济金融现象，必须刻苦地学习《西方经济学》等经济金融学原理，需要不断创新分析技术和方法，学会运用规范的经济学语言从现实生活中提炼出理论因子，形成合适的理论框架。

②要遵循案例写作的基本格式。案例的写作格式是指案例的结构和式样，基本由标题、编号、制作者及其基本情况、版权声明等几部分组成。

③要把握案例写作的技巧，要理顺逻辑关系。观点要集中，分析要有条理，要占领制高点看问题，思路宏观，落笔微观，高屋建瓴。

7.3.3 如何选择案例

案例的选择要符合教学本身的需要。案例本身也是一种教材，对于教学有重要的作用。想要获取生动活泼的教学案例，通常有两种途径：一是可以直接到金融企业去采访，获取第一手资料，搜集典型的金融管理案例，根据教学需要编写案例，这样的案例有很强的现实性和鲜活性，能够很好地满足教学的需要；二是要特别重视那些经典案例，要选择那些既能完美地体现金融管理的理论价值，又具有金融管理实践意义的典型案例。

要在课堂上成功地使用案例教学法，课前对案例的选择非常重要。应注意以下问题：

①案例要根据教学目的有针对性地搜集，案例的内容必须适应具体教学环境的需要。案例的主题多种多样，情节有长有短，所涉及的范围或大或小，在案例中必须把事件发生的背景，案例反映的问题、矛盾和冲突提示清楚；同时，所选案例避免背景模糊、情节冗长、脉络不清、平铺直叙、枯燥乏味等不足。

②注意案例的时效性。如果选用时间跨度长的案例，内容可能陈旧过时，缺少时代特色，这会降低学生参与案例教学的积极性。教师要加强对案例的研究，课堂教学应不断更新案例，确保案例的时效性。

③把握好案例的难易程度。案例太难，学生因知识储备不够无从下手，只有消极等待课堂上的灌输，丧失参与的兴趣。相反，案例过易，结果一猜便知，这不仅降低了教学要求，也会降低学生对案例教学的参与度。所以，案例难易要适度。

④案例材料需要进行组织编排。一个好案例不是简单而机械的课堂陈述，它应能给学生提供一个充满目的性、需要深入思考的复杂环境，使学生在一定的研究框架内就现实问题作出判断。为达到教学目的，教师要对案例材料进行组织编排，如尽量融合几节课的重点，或加强一节课的主要线索，或围绕一个主题对案例进行剪裁加工，将单个的案例串联起来，组合数个案例，使案例发挥最大的价值。

7.4 案例教学法在专业课教学中的应用实例

案例教学法在金融专业教学中主要有两种模式：

（1）以讲解式案例教学法为主

对于“金融基础”之类的专业基础课，由于具有较强的理论性，引入案例分析时主要是结合课堂讲授来进行，即讲解式案例教学法。这种方法要求教师通过生动形象的语言来叙述某一案例的发生和演变过程，分析该案例所涉及的金融问题，从而阐明某一原理或操作方法。这种教学方法的好处在于：一是可以诱导学生通过具体案例来感知教材，理解和掌握有关的金融知识；二是可以提高学生听课的兴趣，调动学生的思维；三是教师容易操作，有利于把握教学节奏和时间分配。

如讲解到“金融基础”中的金融市场部分时，我们结合以上四个原则进行案例的选择：

①必须紧扣教学目的。例如，本节课的教学目的是了解国际上著名的金融市场，那么就要从世界上最知名的几大金融市场去考虑，选择纽约金融市场。

②必须结合教学的重点、难点，选择典型的案例来进行分析。纽约金融市场具有很典型的代表性，符合典型案例的要求。

③必须注意培养学生的思维能力。纽约金融市场是发达国家金融市场的典型代表，为我

们分析中国金融市场起到了明显的对比作用，有助于我们思考中国金融市场应该如何改进。

纽约金融市场

背景资料

纽约是世界最重要的国际金融中心之一。第二次世界大战以后，纽约金融市场在国际金融市场中的地位进一步加强。美国凭借其在战争时期膨胀起来的强大经济和金融实力，建立了以美元为中心的资本主义货币体系，使美元成为世界最主要的储备货币和国际清算货币。西方资本主义国家和发展中国家的外汇储备中大部分是美元资产，存放在美国，由纽约联邦储备银行代为保管。一些外国官方机构持有的部分黄金也存放在纽约联邦储备银行。纽约联邦储备银行作为贯彻执行美国货币政策及外汇政策的主要机构，在金融市场上的活动直接影响到市场利率和汇率的变化，对国际市场利率和汇率的变化有着重要影响。世界各地的美元买卖，包括欧洲美元、亚洲美元市场的交易，都必须在美国，特别是在纽约的商业银行账户上办理收付、清算和划拨，因此，纽约成为世界美元交易的清算中心。此外，美国外汇管制较松，资金调动比较自由。纽约不仅有许多大银行，而且商业银行、储蓄银行、投资银行、证券交易所及保险公司等金融机构云集，许多外国银行也在纽约设有分支机构，1983 年世界最大的 100 家银行在纽约设有分支机构的就有 95 家。这些都为纽约金融市场的进一步发展创造了条件，加强了它在国际金融领域中的地位。

纽约金融市场按交易对象划分，主要包括外汇市场、货币市场和资本市场。

纽约外汇市场是美国、也是世界上最主要的外汇市场之一。纽约外汇市场并无固定的交易场所，所有的外汇交易都是通过电话、电报和电传等通讯设备，在纽约的商业银行与外汇市场经纪人之间进行。这种联络组成了纽约银行间的外汇市场。此外，各大商业银行都有自己的通讯系统，与该行在世界各地的分行外汇部门保持联系，这又构成了世界性的外汇市场。由于世界各地时差关系，各外汇市场开市时间不同，纽约大银行与世界各地外汇市场可以昼夜 24 小时保持联系，因此它在国际的套汇活动几乎可以立即完成。

纽约货币市场即纽约短期资金的借贷市场，是资本主义世界主要货币市场中交易量最大的一个。除纽约市金融机构、工商业和私人在这里进行交易外，每天还有大量短期资金从美国和世界各地涌入流出。和外汇市场一样，纽约货币市场也没有一个固定的场所，交易都是供求双方直接或通过经纪人进行。在纽约货币市场的交易，按交易对象可分为：联邦基金市场、政府库券市场、银行可转让定期存单市场、银行承兑汇票市场和商业票据市场等。

纽约资本市场是世界最大的经营中、长期借贷资金的资本市场，可分为债券市场和股票市场。纽约债券市场交易的主要对象是政府债券、公司债券、外国债券。纽约股票市场是纽约资本市场的一个组成部分。在美国，有十多家证券交易所按《证券交易法》注册，被列为全国性的交易所。其中，纽约证券交易所、纳斯达克（NASDAQ）和美国证券交易所最大，地址都设在纽约。

思考题：

对比纽约，上海在建立国际金融中心的过程中有哪些方面需要提高？

案例分析：

目前，上海已经奠定了国内金融中心的地位。上海集中了我国主要的金融市场，包括货币市场、资本市场、证券市场、外汇市场、期货市场、黄金市场、产权市场、金融衍生品市场等，其中，银行间市场、外汇市场、黄金市场、金融衍生品市场都是全国首屈一指的交易市场。2007 年 9 月 27 日，利率市场引入了“上海利率”，并尝试将其作为基准利率之一；证券市场是国内主板市场，成交金额约占全国的 80%；期货市场是国内三大期货市场之一。

上海目前也是我国金融产品创新和交易的主要场所。可转债、短期融资券、债券远期、人民币外汇远期、燃料油期货以及股指期货等一批有重大影响的基础金融产品和金融衍生品的推出，进一步丰富了上海金融市场产品，加强了金融市场功能。

上海也是我国中、外资金融机构的主要集聚地之一。中、外资金融机构数量位居全国前列，特别是外资银行总资产占全国一半以上。2006 年 12 月 11 日我国兑现入世承诺，全面开放外资银行进入中国市场，大多数外资银行都选择上海作为法人注册地。此外，上海金融发展生态环境不断改善，在中国社科院金融所进行的全国城市金融生态环境系统评估中名列第一。上海金融基础深厚，为其建设国际金融中心地位提供了保证。

当然，上海要成为国际金融中心，还要克服很多障碍，还要进一步加强一系列体制、制度方面的建设，还要进一步加强国际金融中心人才的培养，还要进一步进行金融创新，为今后的发展与竞争力的提高创造更有利的条件。

讲解式案例教学法举例见表 7－2。

表 7－2　　讲解式案例教学法举例

学　　校	××银行学校		
执　　教	×老师	授课班级	金融专业一年级
教学内容	金融市场	授课时间	2 课时
教　　材	《金融基础》		
教学对象分析 1. 知识技能：学生在前面的课程中已经学习过有关货币、信用的基本知识，对学习金融市场有了一定的基础。 2. 学习能力：学生们具备了一定的分析能力。 3. 学习态度：大部分学生学习态度较为认真，能配合教师开展课堂教学活动，但在案例分析的过程中缺乏总结和归纳的能力。			
教学目标及要求 1. 认知目标：了解并掌握金融市场的概念和交易的类型。 2. 能力目标：初步具备区分货币市场、资本市场的能力。 3. 情感目标：（1）培养合作的能力； （2）培养总结的能力。			
教学方法 案例讨论法			
教学媒体 教材、理财实训室、PPT 课件			
教学重点、难点和关键点 1. 教学重点：金融市场的基本交易类型。 2. 教学难点：货币市场和资本市场的区别。 3. 教学关键点：强调纽约等发达国家的金融市场和我国金融市场的主要区别。			

续表

教学过程设计			
教学程序	教学内容	教师活动	学生活动
一、任务导入 （8分钟）	介绍纽约金融市场的有关案例。	简要介绍金融市场的基本类型和功能，主要介绍纽约金融市场的发展历史和现状，并在讲解的过程中有分析性的点评。	聆听案例，并记录案例中的要点。
二、知识准备 （5分钟）	复习前面学过的货币、信用等与金融市场相关的知识。	通过提问等方式复习已学的一些基本概念。	思考并回答金融市场的主要交易类型。
三、活动一 纽约金融市场的主要特点 （18分钟）	学习有关纽约金融市场的发展历史、目前的主要业务和交易方式。	介绍案例，并在重点的地方提醒学生记录。	学生分为若干小组，并且记录案例的重点内容。
四、活动一的检验与评价 （14分钟）	提问： 1. 什么是金融市场？ 2. 纽约金融市场的主要业务是什么？	通过巡视、提问等方式检查活动一的完成情况。	每组派代表进行发言，其他小组可以补充，教师作点评。
五、活动二 （25分钟）	分析上海金融市场应该借鉴纽约金融市场的哪些经验。	指导学生对案例进行分析，并解答学生提出的问题。	各小组结合教师的讲解，提出对问题的看法。
六、活动二的检验与评价 （10分钟）	提问：上海的金融市场应该借鉴纽约金融市场的哪些经验？	巡视和了解学生对问题的讨论情况。	对各小组代表的发言进行点评。
七、小结 （10分钟）	就重点、难点和普遍性问题进行总结。	比较、归纳总结并指出存在的问题。	对今天主要的问题进行总结。
八、布置作业	阅读报纸或者网络上的相关案例，并预习下节内容。	布置作业，提出具体要求。	聆听、记录。

（2）课堂即席讨论式案例教学法

如前所述，案例教学应广泛使用，但要收放适度，原则上是要有利于把问题说透。为了提高案例教学的效果，适当引入即席讨论式案例教学法，有时可以起到讲解式案例教学法所达不到的效果。

这一方法要求教师根据教学需要，围绕某一问题，将案情介绍给学生，然后提出论题，让学生即席发表自己的见解或意见。该方法的特点有三：一是它摒弃单向式的信息传递方法，形成师生之间的双向信息交流，容易活跃课堂气氛；二是可以集中学生听课的注意力，提高学生听课的兴趣；三是可以“强逼”学生随时开动脑筋思考问题和回答问题，训练学生思维的敏捷性和即席表达能力；四是可以考查学生思维的积极程度和深度，以及运用所学知识分析解决问题的能力。

不过，即席式讨论需要较多的前期准备工作，如让学生了解相关的一些背景知识；同时，教师必须有足够的课堂控制能力，否则容易跑题。在讨论过程中，教师还要注意诱导和提示，引导学生围绕主题，及时纠正偏离论题的现象。学生如果讨论“遇阻”时，教师应该及时铺路搭桥，给予适当的启发和提示。即席式讨论有多种方式，如全体讨论或小组式讨论，也可以是辩论式的。从发言形式上看，可以自由发言，也可随机点名发言，也可按学号顺序要求发言。讨论结果可由学生初步点评或评分，引起争论，而后教师再作最后总结。

一般而言，课堂即席讨论式案例法的实施步骤包括四个环节：教师介绍案情并提出讨论问题——→确定讨论形式——→让学生发表意见——→教师进行小结或讲评。

例如，在讲到“个人理财”中的有关理财规划的问题，该问题为学生的发挥留下了很大的空间，可选择课堂即席讨论式的教学方法。

一、教师提出案例

张先生的理财规划书

张先生和妻子都是30多岁，均为公司职员，月收入均为2500元左右，夫妻双方都有养老保险和医疗保险，张先生住房公积金每月400元，妻子单位无住房公积金，且妻子的工作不太稳定。双方父母无需夫妻俩负担。张先生目前无负债，资产状况良好，家庭年收入净值为2.6万元，但张太太收入不稳定，所需费用会逐年增加，净收入稍偏少。

理财目标：

1. 买台5万元左右的车；
2. 给女儿准备教育基金；
3. 妻子的养老保障；
4. 最好再买套100平方米以上的商品房。

思考题：请以小组即席讨论式来进行研究，并提交一份张先生家的理财规划书。

二、确定讨论形式

可以将学生分为若干小组，每个小组派代表进行发言。

三、让学生发言

教师注意耐心倾听，并记录下自己印象深刻的地方，千万不要打断学生的思路。

四、教师进行点评

教师的点评从两个方面进行：一方面点评刚才小组发言的情况；另一方面点评案例本身。

讲解式案例教学法举例见表7－3。

（3）如何设计和书写金融案例

以“金融基础”课程中的经济与金融的关系问题为例。

①设计。假定为“金融基础”课程中“金融与经济发展”这一章节设计案例。此时要考虑学生已经掌握的金融基础知识，并且要选择他们所熟悉的金融事件，因此选取中国的案例更为恰当，并且要给学生分配任务。

表 7-3　　讲解式案例教学法举例

学　校	××银行学校		
执　教	××老师	授课班级	金融专业二年级
教学内容	金融理财规划书	授课时间	2课时
教　材	《个人理财》		

教学对象分析

1. 知识技能：结合“个人理财”课程中有关金融产品的知识，学习如何进行理财规划。
2. 学习能力：学生们具备了一定的金融产品相关知识。
3. 学习态度：大部分学生对金融产品和理财规划都比较感兴趣，但是如何将这些知识结合起来还不是很清楚。

教学目标及要求

1. 认知目标：了解并掌握什么是理财规划。
2. 能力目标：初步掌握理财规划的主要方法 。
3. 情感目标：（1）培养沟通能力；
（2）培养学生进行金融书面报告的书写能力；
（3）培养学生合理分配投资和储蓄的能力。

教学方法

案例讨论法

教学媒体

教材、理财实训室、PPT课件

教学重点、难点和关键点

1. 教学重点：个人理财规划的主要步骤。
2. 教学难点：个人理财的主要方面。
3. 教学关键点：如何撰写个人理财报告。

教学过程设计

教学程序	教学内容	教师活动	学生活动
一、任务导入 （6分钟）	介绍张先生家庭的财务情况以及什么是理财规划。	教师介绍理财规划的概念、理财规划的主要步骤。	聆听案例，并记录案例中的要点。
二、知识准备 （7分钟）	复习理财和金融产品的有关知识。	通过提问等方式复习已学的一些基本概念。	思考并回答什么是理财规划？
三、活动一 个人理财主要考虑的方面 （18分钟）	学习有关个人理财的定义和意义。	介绍案例，教师不作任何点评性的发言，并提醒学生做好相关记录。	学生分为若干小组，并且有明确的分工。
四、活动一的检验与评价 （14分钟）	提问： 1. 什么是个人理财？ 2. 个人理财的意义是什么？	通过巡视、提问等方式检查活动一的完成情况。	每组派代表进行发言，其他小组可以补充，教师作点评。
五、活动二 如何进行个人理财规划 （25分钟）	个人理财规划的主要步骤是什么？	通过巡视，掌握每组学生的讨论情况。	小组代表发言。
六、活动二的检验与评价 （10分钟）	请为张先生写一份个人理财规划。	巡视和了解学生对问题的讨论情况。	对各小组代表的发言进行点评。
七、小结 （10分钟）	就重点、难点和普遍性问题进行总结。	比较、归纳、总结并指出存在的问题。	对今天主要的问题进行总结。
八、布置作业	阅读报纸或者网络上的相关案例，并预习下节内容。	布置作业，提出具体要求。	聆听、记录。

②选择案例设计的视角。根据本章节的特点选择叙事性较强的书写方式，因为这种方式可以帮助学生贴近生活情境，集中注意力并融入基本知识。通过细节饱满的情境叙述，介绍多样的问题和处理方法，允许学生有不同的解决方案，激发学生自主学习的积极性。

③编写案例。编写案例时，写作者必须清醒地认识到：案例应该反映真实的事件，要能激发大家的思考。一个好的案例应该将部分真实生活引入课堂，成为教师和全班学生对之进行分析和学习的工具。金融是现代经济的核心和神经中枢，随着中国社会主义市场经济的逐步完善，中国经济与世界经济的整合程度越来越高。在过去的 20 年中，世界上发生过几次重大的金融危机：20 世纪 80 年代初发生的拉美国家的债务危机；20 世纪 80 年代到 90 年代初美国储贷银行业的危机；20 世纪 90 年代的日本金融危机；1994 年的墨西哥金融危机和 1997 年的东南亚金融危机 2008 年美国次贷危机。这六次金融危机中有三次是在发展中国家发生的，另外三次是在发达国家发生的（美国、日本）。总结这些危机的经验和教训，对中国建设现代金融体系有着重要的借鉴意义。为增强可比性，我们只分析在发展中国家发生的三次金融危机。

拉美国家的债务危机

20 世纪 70 年代两次石油涨价使得石油输出国积累了大量美元。这些美元主要存在美国和欧洲的商业银行里。当时在发达国家的资本市场上，美元供给较充足，而美元需求稳定，因而利率较低。为了寻找高回报的投资机会，商业银行把目光投向拉美国家和东亚。商业银行愿意向拉美和东亚的发展中国家放贷，一是因为这些国家经济发展的势头看好，二是这些放贷大多有发展中国家政府担保，其信用可谓主权级。到 1983 年为止，西方主要商业银行对发展中国家的贷款总量超过了发展中国家总负债的一半，达 3350 亿美元。但随着 20 世纪 70 年代末和 80 年代初美国利率大幅度提高，投向拉美国家的资本有减少的趋势。这时，拉美国家的负债已经很重了，拉美国家的主要借款国（墨西哥、巴西、阿根廷、智利等国）平均每年要用其出口创汇的 50% 以上来还本付息。于是，以 1982 年墨西哥政府宣布不能按时还债为先导，开始了拉美发展中国家的债务危机。

墨西哥金融危机

让我们再来看 1994 年墨西哥金融危机发生的情况。20 世纪 80 年代墨西哥经济发展起伏很大，1982 年的债务危机和 1986 年的石油价格暴跌使墨西哥经济走向衰退。20 世纪 90 年代初期，墨西哥经济似乎非常健康：通货膨胀得到了控制，外国直接投资增长迅猛，墨西哥中央银行积累了几十亿美元的储备，美、加、墨达成的北美自由贸易同盟于 1994 年年初生效。墨西哥 80 年代的艰难时势似乎已成过眼烟云。然而，北美自由贸易同盟生效后不到一年，墨西哥就遭遇经济灾难。1994 年 12 月 20 日，墨西哥政府宣布比索贬值，随后的金融危机又使比索贬值了一半。通货膨胀飙升，墨西哥经济进入了严重的衰退时期。1995 年墨西哥国内生产总值比上年下降 6.2%。

东南亚金融风暴

东南亚 1997 年的金融风暴是从泰国开始的。1997 年 7 月 2 日，泰国政府和金融当局宣布放弃长达 13 年之久的泰铢与美元挂钩的汇率制，随后泰铢贬值高达 48% 左右。泰国的危机波及菲律宾、马来西亚、印度尼西亚、新加坡等国的金融市场，造成一场席卷整个东南亚的金融风暴。

思考题：

①上述三次危机有何相似之处？

②造成这些国家发生金融危机的原因何在？

③与这些国家相比，中国目前的情况如何？我们要如何防范金融危机的发生？

(4) 案例教学法中师生互动的应用

长期以来，中职教师把自己更多地定位为管理者和控制者，为了维持课堂纪律，学生一般不允许自由发言，打击了学生参与案例讨论的热情。

通过互动，我们可以及时了解学生的知识结构，了解学生都学过哪些与案例相关的课程，他们的学习状况怎样，这样才能有的放矢。例如，在讲到“金融产品营销”时，我们可以通过与学生的互动先了解他们之前掌握哪些有关金融产品的知识、哪些市场营销的知识，以便根据学生的认知能力进行教学。通过互动，还可以发现学生对案例的兴趣点，如在“金融基础”的“金融市场”部分，发现学生对电子支付很感兴趣，那么可以结合电子支付的操作方法，讲解如何利用现代网络进行金融市场的投资。

既然案例教学中互动非常重要，那么应该注意什么呢？

在案例教学中一定要掌握互动的气氛。教师一定要注意利用各种方法，启发、调动学生的兴趣，克服学生的胆怯心理，提高他们参与案例讨论的积极性，注重教的时机，激发互动。职业教育中很多技能学习都需要在合适的时机进行，教师需要在具备一定的课堂驾驭能力的基础上，选择适当的时机，传授技能。

注重教的艺术。对于案例教学中的疑难问题，教师最好不要直接讲授，不将自己或前人的较深的思维强加给学生。比如，“金融基础”里有这样一个研究性学习课题：“物价上涨在消费者收入不变的情况下，会产生怎样的影响？”如果直接拿一些曲线来给学生分析，既枯燥，学生的记忆还不深刻，可以通过一些创设性的互动来拉近学生对这些问题的理解，如设计某个生活中的角色，以此来激发学生学习的内驱力。

8 项目教学法在金融事务专业教学中的应用

8.1 项目教学法概述

8.1.1 项目教学法的来源

项目教学法最早见于美国教育家凯兹和加拿大教育家查德合著的《项目教学法》。其理论认为：知识可以在一定的条件下自主建构获得；学习是知识技能、行为态度与价值观等方面的长进；教育是满足长进需要的有意识、有系统、有组织的持续交流活动。

查德博士曾于2001年4月来中国讲授项目教学法。该教学法被陆续引进欧洲、南美、大洋洲、日本、韩国等国家和地区。德国引进该教学法后，联邦职教所自主创新，并于2003年7月制定了“以行动为导向的项目教学法”的教学法规。

8.1.2 项目教学法的含义

项目教学法是指师生通过共同实施一个完整的项目工作而进行的教学活动。在职业学校教学中，项目是指以生产一件具体的、具有实际应用价值的产品为目的的任务。它要求学生自己制定计划，运用已有的知识和经验，通过自己亲手操作，在具体的情境中解决实际问题。在这里，项目可以是一个服务项目的大型项目，也可以是加工一个零件的小型项目，其目的在于促进学生职业能力的发展。

8.1.3 项目教学法的应用范围

在最初的项目教学法中，人们主要是采用独立作业的组织方式。随着现代科学技术及生产组织形式对职业教育要求的提高，人们越来越多地采用小组工作的方式，即共同制订计划、共同或分工完成整个项目。在许多情况下，参加项目教学工作小组的学生来自不同的专业和工种，甚至不同的职业专业领域，如技术专业和财会专业等，目的是训练他们今后在实际工作中与不同的专业、不同部门同事合作的能力。在技术领域里，所有的产品几乎都可以作为项目，如门（木工专业）、格栅（机加工专业）、报警器（电子专业）、测量仪器（仪器仪表专业）以及简单的工具制作等，都是最常见的项目；在商业、财会和服务行业，所有具有整体特性并有可见成果的工作也都可以作为项目，如销售专业不同场合的商品展示、产品的广告设计、应用小软件的开发等。

8.2 项目教学法的教学环节

项目教学法将一个相对独立的项目交给学生自己处理。信息的搜集、方案的设计、项目的实施及最终的评价，都由学生自己负责。学生通过负责该项目，了解并把握整个过程及每一环节中的基本要求。在项目教学法中，学生的学习过程一般包括七个环节：明确任务、搜集信息、制订计划、进行决策、组织实施、过程检查、结果评估。

8.2.1 明确任务

在这一环节中，教师布置学习任务，明确学习目标与要求，帮助学生理解任务；学生理解任务，知道自己要做什么，要学习哪方面的知识，要练习哪方面的技能，以及自己要达到什么样的目标。

8.2.2 获取信息

教师提供相关参考资料，学生查阅相关资料，获取有关的信息，补充必要的知识和技能。

8.2.3 制订计划

学生明确任务后，一般以小组方式工作，小组合作学习，制订工作计划。

8.2.4 进行决策

根据小组确定的计划，可以采用“头脑风暴法”，提出各种各样的方案，最后由全班讨论，确立本项目的最佳实施方案。学生在讨论的过程中也可以学习到很多知识。

8.2.5 组织实施

项目实施时，教师做示范，学生在旁边看，学生可以随时提问题，教师要对学生提出的问题作出明确解答；学生根据计划完成自己的任务，教师观看、指导。学生按计划实施，在实施过程中，学生能具体地对自己所负责的工作内容所涉及的知识点进行学习，在整个学习过程中，学生学习的自主性、自觉性、学习效率都明显提高。

8.2.6 过程检查

在完成项目的过程中，学生自己检查工作过程、结果，出现问题时可以随时请教师或学生帮助解决。

8.2.7 结果评估

完成项目后，学生对成果进行展示与自我评价，同时对组内其他同学提出问题，互相交流心得。教师对学生在项目过程中出现的问题给予及时的解决，对整个项目的成果予以评价。其目的是使学生通过一次技能训练对自己所掌握的理论知识及技能有所认识、有所提高。

学生从项目的实施到最后生产出一件具体的产品，学生看到了自己制作的完整的产品，会有成就感，激发学习积极性，从而以更大的学习热情和兴趣投入下一个项目的学习。

8.3 项目教学法的设计

8.3.1 项目教学法的依据

①心理学研究结果表明，当感受类型是“听”时，记忆的保持率为20%；当感受类型是“看”时，记忆的保持率为30%；当感受类型是“听＋看”时，记忆的保持率为50%；当感受类型是“亲身实践”时，记忆的保持率为90%。这也符合国际学习科学领域所公认的一句话：“听来的忘得快，看到的记得住，做过的才能会。”

②建构主义理论认为，只有一个人已有的知识无法解决所面临的问题时，真正的学习才会发生。学习不是由教师向学习者传递知识的活动，而是学习者自己建构知识的过程。学习者不是被动地吸收信息，而是主动地通过已有的认知结构对新信息进行加工和建构，这种学习更强调主动性、社会性、情境性、协作性，而且这种建构教师不能代替。

③教育家陶行知先生说过：教、学、做应是一体化的，教、学、做是一件事，不是三件事。

④职业教育是以就业为导向，以服务为宗旨，其目标是培养学生具有良好的职业道德和职业素质，具有在生产、服务等第一线工作的熟练的职业技能和职业能力。

目前，职业学校学生一般学习基础较薄弱，学习习惯较差，但其思维敏捷、动手操作能力强。因此，在教学活动中，教师要多安排学生进行思考、实践、感悟、创新的活动，并在实践中不断总结、积累学习经验；同时，针对学生之间的个体差异，教师还要努力营造探讨、交流的学习氛围。职业学校教学一定要以学生为主体，突出实践在课程中的主体地位，让学生充分行动起来，自己动手操练。学生能力不是教师“讲”会的，而是学生“练”会的。因此，在教学中要安排恰当的任务对学生进行能力训练，通过一系列实践活动，参与项目，培养学生的动手能力和分析解决问题的能力。

8.3.2 项目教学法的构成

项目教学法由以下内容构成：第一，有一定的教学内容，具有实际应用价值；第二，能将理论知识和实际岗位技能结合起来；第三，与企业实际生产或商业经营等活动有关系；第四，学生可以独立制订计划并实施；第五，学生可以运用所学知识克服、处理在项目工作中出现的困难和问题；第六，有一定的难度，学生在完成过程中能掌握和运用新的知识和技能；第七，要渗透情感、态度、价值观的培养；第八，有明确而具体的成果展示，师生能共同评价项目完成情况和工作成果。

8.3.3 项目教学法的特点

（1）项目教学法是一个相对完整的工作过程

项目教学法要求学生在完成“项目”工作时要经历一个相对完整的工作过程。项目教学由七个阶段构成，即学生能明确项目任务、搜集有关信息；独立制订计划、进行决策；组织实施计划，并在一定时间范围内可以自行组织、安排自己的学习行为；学生自己克服、处理在项目工作中出现的困难和问题；进行过程检查，由于项目工作具有一定的难度，要求学生运用新学习的知识、技能，解决过去从未遇到过的实际问题；学习结束时进行结果评估，项目教学有明确而具体的成果展示，师生共同评价项目工作成果。

（2）项目教学法注重学生的学习过程

在项目教学中，学习过程成为学生积极参与的动手创造实践活动，它注重的不是最终的结果，而是完成项目的过程。学生在这个过程中锻炼各种职业能力。教师不再处于教学中的主导地位，而是作为学生学习过程中的引导者、指导者和监督者。学生在项目实践过程中，理解和把握课程要求的知识和技能，体验工作的艰难与乐趣，培养分析问题和解决问题的方法和能力。

（3）项目教学法要求以项目为主线来贯穿教学的整个过程，并结合包含所有内容

教师根据行业企业岗位的实际需求和教学内容从实际生产生活中选取相关项目，项目确定后，整个教学过程也就确定了，学生通过完成项目来达到对本课程教学内容的掌握。整个教学过程一个项目又可以分为2~3个子项目或任务。教师选取一个简单、典型项目或任务，对知识点进行讲解，便于学生对知识的迁移；余下的项目或任务由学生（或小组）讨论选择，教师指导确定，全班学生共同完成。

项目教学中，学生学习的形式是以小组为单位，采取合作学习方式，培养了学生团队协作能力和语言表达能力。每个小组负责完成自己所选定的子项目或任务，小组成员在学习过程中共同探索或发现的信息和材料为全班学生共享。

（4）项目教学法根据学生完成项目的情况对学生进行评价

项目教学法改变了以往以知识为标准的评价学生学习成绩的做法。实施项目教学法后，对学生学习的评价要以学生完成项目的情况为依据。可以分三层来考核：第一层是由教师对小组完成项目情况进行评定；第二层是由各小组成员根据各组员对本小组的贡献情况进行互评；第三层是由学生本人进行自评，综合三层评定情况来确定每一名学生的学习成绩。在实际考核中，也可以根据实际情况聘请企业专家参与评价。

8.4 项目教学法在专业课教学中的应用实例

案例一：项目教学法在“保险市场调查与分析”课程中的教学设计（见表8-1）

表 8－1　　　　　　学习单元一教学设计表

学习单元名称	机场车辆保险市场调查与分析	学习单元课时	22
单元目标	知识目标：了解保险市场的含义与要素；了解保险营销的含义和基本程序；了解保险营销环境的含义；掌握机动车辆保险营销环境的因素；掌握影响机动车辆保险需求的因素；掌握机动车辆保险竞争力及其分析方法；掌握机动车辆保险市场的细分、评价和选择方法。 能力目标：能够调查并分析机动车辆保险营销环境、投保人对机动车辆保险的需求、保险公司机动车辆保险竞争力；能够对机动车辆保险市场进行细分、评价和选择；能够对机动车辆保险市场营销进行初步规划。 情感态度价值观目标：具备敏锐的观察能力、分析判断能力和良好的沟通协作能力；具备客户服务意识。		
学习单元课程内容	1. 保险市场的含义；保险营销的含义和基本程序。 2. 保险营销环境的含义；影响机动车辆保险营销环境的因素；影响机动车辆保险需求的因素；机动车辆保险竞争力及其分析方法；机动车辆保险市场的细分、评价和选择方法。 3. 对机动车辆保险的营销环境、投保人需求、竞争力进行调查和市场分析，进行初步的营销规划。		
教学成果形式	1. 学生完成的项目计划书、设计的调查方案、编制的调查问卷、撰写的调查分析报告等。 2. 教师完成课改实验专业核心课程教学实施课例、完善教学资源的建设。		
教学环境	保险专业教室（要求配备计算机、网络、办公软件、教学软件等用品）、校外。		
教学资源	1. 教师用资源：教学文件、讲义、教案、课件、教学案例、考核评价标准等。 2. 学生用资源：任务单、资讯单、计划书、决策单、实施单等。		
学情分析	金融事务专业二年级学生，已学习“保险从业准备”和“保险产品解析”等课程；掌握了一定的市场调查与分析的方法，具有一定的动手操作能力，愿意进行市场调查。		
教师能力要求	具备扎实的专业理论基础和指导学生实际操作的能力，具备“工作过程导向”的教学过程设计和实施能力，以及较强的课堂管理与控制能力。掌握引导文教学、案例教学、任务驱动、项目教学等先进教学方法并加以运用；具有统筹规划能力。		
教学方法	引导文教学法、角色扮演法、案例教学法、头脑风暴法、小组合作法、项目教学法、任务驱动法等。		

任务一　机动车辆保险营销环境调查——教学实施方案（共 4 课时）

实施步骤	教学过程	课时
明确任务	1. 教师下发任务书，明确任务：对北京市机动车辆保险营销环境进行调查；解读考核内容和要求。 2. 学生理解任务书，把握任务完成的满意度和学习目标。	1
搜集信息	1. 教师提供资讯单。 2. 教师讲解保险市场的含义与要素、保险营销的含义、保险营销的环境等陈述性知识。 3. 教师指导学生分组，确定组长人选；学生通过小组讨论等方式回答引导问题，完成知识的建构和内化。 4. 教师引导学生分析“机动车辆保险营销环境调查报告”的案例。	
组织实施	1. 学生以小组为单位，分配任务，上网查找相关资料，课后调查，每组形成一份“北京市机动车辆保险营销环境调查报告”；完成实施单的填写。 2. 教师负责组织、监控、咨询、指导等。 注：教学中，教师应安排并组织课外调查。	2（课外 4 课时）
结果评价	1. 以小组为单位进行汇报。 2. 学生自评与互评，教师对学生、小组进行评价，指出任务实施整个过程中存在的问题与改进措施。 3. 教师总结。	1

续表

任务二　机动车辆保险需求调查——教学实施方案（共6课时）		
实施步骤	教学过程	课时
明确任务	1. 教师下发任务书，明确学习目标，解读考核内容和要求。 2. 学生理解任务，把握任务完成的满意度和学习目标。	2（课外2课时）
搜集信息	1. 教师提供资讯单。 （1）讲义； （2）案例资料； （3）引导问题。 2. 学生通过小组讨论等方式完成知识的建构和内化。 3. 教师通过视频素材对完成工作任务所涉及的过程性知识、技能作必要的讲解及补充。 4. 学生通过网络搜索、打电话、查资料等方法获取更多的资讯，补充必要的知识和技能。	
制订计划	学生交流对工作任务的认识，讨论任务及分析相关知识、技能和态度，初步制订工作计划，提交计划书。	
进行决策	教师参与、指导学生对工作计划进行修订，及时发现计划中不合理的地方，并作出相应的调整。 （1）分析、比较、判断出各组制订计划的优点与不足； （2）可操作性如何； （3）计划修订与决策。	
组织实施	1. 学生按照工作计划完成工作任务，包括设计调查问卷、整理分析调查资料、撰写调查报告等。 2. 教师负责组织、监控、咨询、指导等。 注：教学中教师应安排并组织校外调查。	3（课外6课时）
过程检查	学生按照工作计划，在教师指导下进行调查问卷的修改与检查、任务实施报告等资料的填写。	
结果评价	1. 以小组为单位上交任务实施报告，进行汇报等。 2. 学生自评与互评，教师对学生、小组进行评价，指出任务实施整个过程中存在的问题与改进措施。 3. 教师总结并作相关拓展。	1

任务三　机动车辆保险竞争力调查——教学实施方案（共4课时）		
实施步骤	教学过程	课时
明确任务	1. 教师下发任务书，明确学习目标，解读考核内容和要求。 2. 学生理解任务，把握任务完成的满意度和学习目标。	1
搜集信息	1. 教师提供资讯单。 （1）讲义； （2）案例资料； （3）引导问题。 2. 学生通过小组讨论等方式完成知识的建构和内化。 3. 教师通过对学生活动的观察、分析，对完成工作任务所涉及的过程性知识、技能作必要的讲解及补充。	

续表

<table>
<tr><th colspan="3">任务三　机动车辆保险竞争力调查——教学实施方案（共4课时）</th></tr>
<tr><th>实施步骤</th><th>教学过程</th><th>课时</th></tr>
<tr><td>组织实施</td><td>1. 学生按照工作计划完成工作任务，包括上网查找相关资料、课后调查，每人形成一份书面调查报告。
2. 教师负责组织、监控、咨询、指导等。
注：教学中教师应安排并组织课外调查。</td><td>2（课外4课时）</td></tr>
<tr><td>结果评价</td><td>1. 各小组汇总每名组员的调查报告，小组讨论，形成各组的调查报告。
2. 以小组为单位进行汇报。
3. 学生自评与互评，教师对学生、小组进行评价，指出任务实施整个过程中存在的问题与改进措施。
4. 教师总结。</td><td>1</td></tr>
</table>

<table>
<tr><th colspan="3">任务四　机动车辆保险市场分析与营销规划——教学实施方案（共8课时）</th></tr>
<tr><th>实施步骤</th><th>教学过程</th><th>课时</th></tr>
<tr><td>明确任务</td><td>1. 教师下发任务书，明确学习目标，解读考核内容和要求。
2. 学生理解任务，把握任务完成的满意度和学习目标。</td><td rowspan="4">2（课外2课时）</td></tr>
<tr><td>搜集信息</td><td>1. 教师提供资讯单。
（1）讲义；
（2）案例资料；
（3）引导问题。
2. 学生通过小组讨论等方式完成知识的建构和内化。
3. 教师通过对学生活动的观察、分析，对完成工作任务所涉及的过程性知识、技能作必要的讲解及补充。
4. 学生通过网络搜索、打电话、查资料等方法获取更多资讯，补充必要的知识和技能。</td></tr>
<tr><td>制订计划</td><td>学生交流对工作任务的认识，讨论任务及分析相关知识、技能和态度，初步制订工作计划，提交计划书。</td></tr>
<tr><td>进行决策</td><td>教师参与、指导学生对工作计划进行修订，及时发现计划中不合理的地方，并作出相应的调整。
（1）分析、比较、判断出各组所制订计划的优点与不足；
（2）可操作性如何；
（3）计划修订与决策。</td></tr>
<tr><td>组织实施</td><td>1. 学生按照工作计划完成工作任务，包括整理分析前三个任务的成果资料、形成书面分析报告、对北京市机动车辆保险市场进行营销规划等。
2. 教师负责组织、监控、咨询、指导等。
注：教学中教师应安排并组织校外调查。</td><td rowspan="2">5（课外6课时）</td></tr>
<tr><td>过程检查</td><td>学生按照工作计划，在教师指导下进行数据的整理与分析、任务实施报告等资料的填写。</td></tr>
<tr><td>结果评价</td><td>1. 以小组为单位上交任务实施报告，进行汇报等。
2. 学生自评与互评，教师对学生、小组进行评价，指出任务实施整个过程中存在的问题与改进措施。
3. 教师总结并作相关拓展。</td><td>1</td></tr>
</table>

续表

学习单元一　考核评价方案（本单元占课程成绩比例为25%）

考核内容	成绩比例（%）	学生自评、互评（30%）			教师评价（70%）				成　　绩
					过程性（30%）			结果性（40%）	
		个人（10）	组内（10）	小组（10）	态度（10）	合作（10）	能力（10）	详见评价标准	
机动车辆保险营销环境调查报告	20								
机动车辆保险需求调查问卷设计	10								
机动车辆保险需求调查报告	20								
机动车辆保险竞争力调查报告	20								
机动车辆保险市场分析和营销策划报告	30								

说明：

1. 学习单元的考核采用学生自评互评和教师评价相结合，过程性考核与结果性考核相结合的方法，根据学习单元完成任务流程中各环节的重要性、难易程度和工作量分配成绩比例。
2. 学生自评分为个人自评、组内互评和小组互评三部分，组内互评和小组互评由教师统计，并根据实际情况评价其客观性和自我认知能力。
3. 过程性考核包括态度、合作和操作三部分。态度考核学生学习积极性、主动性和专注程度，主要从参与学习活动，发表自己意见的勇气，听课专注程度等方面评价；合作考核学生在小组活动中的合作精神与能力，主要从积极承担小组活动任务，是否善于与他人合作交流等方面评价；能力考核学生的动手能力和实践能力，主要从完成任务的能力方面评价。

结果性评价标准

评价内容	评价标准		
	合格（24～31）	良好（32～35）	优秀（36～40）
机动车辆保险营销环境调查报告	1. 能按时完成调查报告的撰写。 2. 调查内容基本涵盖了车辆保险营销环境的重要因素。 3. 调查报告格式基本符合规范、资料基本充实、分析过程无原则性错误、基本有条理性。	1. 能按时、全面完成调查报告的撰写。 2. 调查内容涵盖了机动车辆保险营销环境的重要因素，比较全面。 3. 调查报告格式比较符合规范、资料比较充实、分析比较全面、有一定的条理性。	1. 能按时、全面完成调查报告的撰写。 2. 调查内容涵盖了机动车辆保险营销环境的重要因素，准确、完整。 3. 调查报告格式符合规范、资料充实、分析全面、有较强的条理性。
机动车辆保险需求调查问卷设计	1. 能按时完成调查问卷的设计。 2. 调查问卷设计基本合理，答案设计基本合理，无逻辑性错误。	1. 能按时完成调查问卷的设计。 2. 调查问卷设计比较合理，答案设计比较合理，逻辑性较强。	1. 能按时完成调查问卷的设计。 2. 调查问卷设计合理，答案设计合理，逻辑性强。
机动车辆保险需求调查报告	1. 能按时完成调查报告的撰写。 2. 调查内容基本涵盖了影响机动车辆保险需求的重要因素。 3. 调查报告格式基本符合规范、资料基本充实、分析过程无原则性错误、基本有条理性。	1. 能按时、全面完成调查报告的撰写。 2. 调查内容涵盖了影响机动车辆保险需求的重要因素，比较全面。 3. 调查报告格式比较符合规范、资料比较充实、分析比较全面、有一定的条理性。	1. 能按时、全面完成调查报告的撰写。 2. 调查内容涵盖了影响机动车辆保险需求的重要因素，准确、完整。 3. 调查报告格式符合规范、资料充实、分析全面、有较强的条理性。

续表

结果性评价标准			
评价内容	评价标准		
	合格（24～31）	良好（32～35）	优秀（36～40）
机动车辆保险竞争力调查报告	1. 能按时完成调查报告的撰写。 2. 调查内容基本涵盖了影响机动车辆保险竞争力的重要因素。 3. 调查报告格式基本符合规范、资料基本充实、分析过程无原则性错误、基本有条理性。	1. 能按时、全面完成调查报告的撰写。 2. 调查内容涵盖了影响机动车辆保险竞争力的重要因素，比较全面。 3. 调查报告格式比较符合规范、资料比较充实、分析比较全面、有一定的条理性。	1. 能按时、全面完成调查报告的撰写。 2. 调查内容涵盖了影响机动车辆保险竞争力的重要因素，准确、完整。 3. 调查报告格式符合规范、资料充实、分析全面、有较强的条理性。
机动车辆保险市场分析和营销策划报告	1. 能按时完成分析报告的撰写。 2. 目标市场的细分、评价和选择基本正确。 3. 营销策划无原则性错误。 4. 分析报告基本符合规范、资料基本充实、分析过程无原则性错误、基本有条理性。	1. 能按时完成分析报告的撰写。 2. 目标市场的细分、评价和选择比较正确。 3. 营销策划比较合理。 4. 分析报告格式比较符合规范、资料比较充实、分析有一定的条理性、正确。	1. 能按时完成分析报告的撰写。 2. 目标市场的细分、评价和选择正确。 3. 营销策划全面、详细。 4. 分析报告格式符合规范，资料充实，分析全面、正确，有较强的条理性。

案例二：项目教学法在“外汇交易与处理”课程中的教学设计（见表 8－2）

表 8－2　　学习单元一　教学设计表

学习单元名称	外汇存款业务处理	学习单元课时	22
单元目标	知识目标：掌握外汇与汇率的基础知识；了解我国目前的汇率制度和相关的外汇政策；熟悉外币开户、外币存取和提钞业务。 能力目标：掌握凭证的使用和外币的识别与鉴别；能够看懂银行的外汇牌价；能够使用简洁的语言为客户清楚地解释银行办理的各种外汇业务；能够掌握一定的外事服务礼仪，并能够运用这些礼仪和简单的服务口语（英语）以及进行正确的业务操作，熟练地为客户办理外币的开户、存取和提钞业务；具备时刻关注最新外汇制度和外汇政策的能力。 情感态度价值观目标：具备良好的遵规守纪意识和服务意识；具备保护国家与客户的双重利益的意识。		
学习单元课程内容	1. 外汇与汇率的概念及理解、汇率的标价法及种类、汇率的套算、汇率制度。 2. 外币识别与鉴别、凭证的使用、简单的专业英语、外事服务礼仪。 3. 外汇活期存款业务处理（开户、续存、支取、销户与利息计算）。 4. 外汇定期存款业务处理（定期存款部分提前支取、销户与利息计算）。		
教学成果形式	1. 学生完成的体验报告、计划设计方案、项目报告、笔记、作业、试卷、模拟操作的存折和凭条等。 2. 教师完成课改实验专业核心课程教学实施课件、完善教学资源的建设。		
教学环境	1. 教学场地：金融实训基地、银行专业教室、网络教室、校外各银行营业网点。 2. 教学软件：仿真银行模拟系统。 3. 机具设备：计算机、点钞机、验钞机、计算器、票币盒、保险柜等。		
教学资源	教师用资源：教学文件、讲义、教案、课件、教学案例、音视频素材、企业相关资料、相关法律法规、考核评价标准等。 学生用资源：任务单、资讯单、计划书、决策单、实施单等。		

续表

<table>
<tr><td>学习单元名称</td><td colspan="3">外汇存款业务处理</td><td>学习单元课时</td><td>22</td></tr>
<tr><td>学情分析</td><td colspan="5">1. 中职学生动手能力较强，具有一定的计算机操作基本技能和中文打字能力。
2. 在本课程前，已学习“银行柜面业务”等课程，掌握了银行柜面业务的基本技能和人民币存取款的办理方法，具有一定的动手操作能力。
3. 学生之间已相互熟悉，具有一定的团队合作能力，有一定的学习主动性。</td></tr>
<tr><td>教师能力要求</td><td colspan="5">具有中等职业学校教师任职资格；有与本专业课程相关的实践经历，熟悉金融法律；了解银行外汇业务处理流程，掌握基本的外币清点及真伪鉴别、票币计算及翻打传票、汉字录入等技能；具备扎实的专业理论基础和指导学生实际操作的能力，具备“工作过程导向”的教学过程设计和实施的能力以及较强的课堂管理与控制能力。</td></tr>
<tr><td>教学方法</td><td colspan="5">引导教学法、角色扮演法、案例教学法、小组合作法、项目教学法、任务驱动法等</td></tr>
<tr><td>考核内容</td><td>占单元成绩百分比（%）</td><td colspan="2">考核方法</td><td colspan="2">考核人员</td></tr>
<tr><td>理论知识</td><td>30</td><td colspan="2">笔记、笔试、体验报告等</td><td colspan="2">教师</td></tr>
<tr><td>操作技能</td><td>50</td><td colspan="2">实际操作、设计方案、实施报告</td><td colspan="2">师评、组内自评、组间互评</td></tr>
<tr><td>情感态度</td><td>20</td><td colspan="2">根据评价指标随堂考核</td><td colspan="2">教师、学生自评与互评</td></tr>
<tr><td rowspan="2">考核评价标准</td><td>优秀</td><td>良好</td><td>合格</td><td>不及格</td><td>单元成绩占总成绩的比重</td></tr>
<tr><td>90～100</td><td>76～90</td><td>60～75</td><td>60 以下</td><td>40</td></tr>
</table>

任务一　外汇活期存款业务处理——教学实施方案（共 14 课时）

实施步骤	教学过程	课时
明确任务	1. 教师：下发任务书，明确任务：利用网络查询的方式搜集外汇的相关知识；布置“外汇活期存款业务处理”任务，明确学习目标与要求，解读考核内容与标准。 2. 学生：根据班级人数将全班分为 2～3 个大组，每组为 1 个银行营运网点，每一组根据学生的数量设置外汇专柜个数；理解任务，把握任务完成的满意度和学习目标。	1
搜集信息	1. 教师：提供资讯单；讲解外汇的概念、汇率的概念、汇率的标价方法、汇率的种类、汇率制度等陈述性知识；指导学生分组，确定组长人选；引导学生识别外币，以及鉴别真伪；引导学生分析银行的外汇牌价；引导学生认识并正确使用各种外汇凭证；通过视频素材，对完成工作任务所涉及的过程性知识、技能作必要的讲解及补充；组织学生复习银行基本技能（点钞、翻打传票、汉字录入等）。 2. 学生：通过小组讨论等方式完成知识的建构和内化；通过网络搜索、打电话、查资料等方法获取更多资讯，了解外汇业务的基础知识，准备上述知识和技能材料。了解银行外汇活期存款业务的基本流程。	4
制定计划	1. 学生：组内交流对工作任务的认识，讨论任务及分析搜集的知识、所需能力标准和态度要求，初拟工作计划并提交设计方案，完成工作记录。 2. 教师：指导学生合理拟定工作计划。	1
进行决策	1. 学生：小组向教师汇报计划设计方案，适当选优向全班汇报。 2. 教师：参与、指导学生对工作计划进行修订，及时发现计划中不合理的地方，并作出相应的调整，讲评共性问题。 （1）分析、比较、判断出各组所制订计划的优点与不足； （2）可操作性如何； （3）计划修订与决策。	2

续表

任务一　外汇活期存款业务处理——教学实施方案（共 14 课时）		
实施步骤	教学过程	课时
组织实施	1. 学生：以小组为单位，分配任务，课后调查，上网查找相关资料。 执行任务——银行外汇活期存款业务实操模拟。 2. 教师：负责课内外组织，合理安排，指导、督察各小组按时完成任务。 注：教学中教师应安排并组织课外调查。	1
过程检查	1. 学生：按工作任务阶段拟定的检查项目，逐一进行过程性资料的整理与检查、装订，填写小组任务实施报告，小组工作量记录表。 2. 教师：指导、监控、咨询、记录各组考勤及态度考评表。	2
结果评价	1. 学生：上交任务实施报告，以小组为单位进行汇报；外汇活期存款业务实操达标，外币真伪鉴别、证件识别考评。 2. 教师：口试陈述性知识，计时评价结果性知识，讲评存在的问题与改进措施，进行拓展，以便完善下一个任务，使其顺利实施。 3. 学生自评与互评，教师对学生、小组进行评价，指出任务实施整个过程中存在的问题与改进措施。	3

任务二　外汇定期款业务处理——教学实施方案（共 8 课时）		
实施步骤	教学过程	课时
明确任务	1. 教师：下发任务书，布置“外汇定期存款业务处理”任务，明确学习目标与要求，解读考核内容与标准。 2. 学生：根据班级人数将全班分为 2 ~ 3 个大组，每组为 1 个银行营运网点，每一组根据学生的数量设置外汇专柜个数；理解任务，把握任务完成的满意度和学习目标。	1
搜集信息	1. 教师：提供资讯单；通过视频素材，对完成工作任务所涉及的过程性知识、技能作必要的讲解及补充。 2. 学生：通过小组讨论等方式完成知识的建构和内化；通过网络搜索、打电话、查资料等方法获取更多资讯，补充必要的知识和技能，了解银行外汇定期存款业务的基本流程，准备上述知识和技能材料。	2
制订计划	1. 学生：组内交流对工作任务的认识，讨论任务及分析相关知识、技能和态度，初步制订工作计划，提交计划书，完成工作记录。 2. 教师：指导学生合理拟定工作计划。	1
进行决策	1. 学生：小组向教师汇报计划设计方案，适当选优向全班汇报。 2. 教师：参与、指导学生对工作计划进行修订，及时发现计划中不合理的地方，并作出相应的调整，讲评共性问题。 （1）分析、比较、判断出各组所制订计划的优点与不足； （2）可操作性如何； （3）计划修订与决策。	1
组织实施	1. 学生：执行任务——银行外汇定期存款业务实操模拟。 2. 教师：负责课内外组织、合理安排，指导、督察各小组按时完成任务。	1
过程检查	1. 学生：按工作任务阶段拟定的检查项目，逐一进行过程性资料的整理与检查、装订，填写小组任务实施报告，小组工作量记录表。 2. 教师：指导、监控、咨询，记录各组考勤及态度考评表。	1
结果评价	1. 学生：外汇定期存款业务实操达标，上交任务实施报告，外币真伪鉴别、证件识别考评。 2. 教师：计时评价结果性知识，口试陈述性知识，讲评存在的问题与改进措施。	1

9 模拟仿真教学法在金融事务专业教学中的应用

9.1 模拟仿真教学法概述

9.1.1 模拟仿真教学法与行动导向教学

行动导向教育思想主要源于人们对现实及未来社会对职业人才新要求的思考以及对教育和学习概念的重新认识。过去，人们对学习过程传统的认识是动机、接受、理解、记忆，而今人们无论对“教育”还是对“学习”都有了新的认识，更强调“交流”的作用。联合国教科文组织在《国际教育标准分类法》（1997 年版）对“教育”进行了重新定义，将“教育是有组织地和持续不断地传授知识的工作”改为“教育被认为是导致学习的，有组织的及持续的交流”。在此，学习是指个人在行为、信息、知识、理解力、态度、价值观或技能方面的任何进步与提高。“交流”是涉及两个或更多人之间的信息（包括消息、思想、知识、策略等）转移关系。

行动导向教学是指以行动或工作任务为主导方向的教学模式。行动导向教学并不是一种具体的方法，而是一种教学设计的理念。行动导向教学要求学生在学习过程中用脑、心、手共同参与学习，通过行为的引导，使学生在活动中提高学习兴趣，培养创新思维、团结协作能力。在行动导向教学中，学生是教学的中心。学生作为行动个体，可以在很大程度上自我决定，可以积极参与教学过程的设计并进行反思，可以独立自主地决定行动目标、路径和手段。学生可以通过激活已独立掌握的专业和跨专业知识，提升解决问题的能力，并在此基础上通过行动学习到新知识，从而培养学生的职业行动能力。

行动导向教学的实质就是理论与实践一体教学的一种结构范式。其基本意义在于：学生是学习过程的中心、是主角，进行的是自我控制的学习。而教师是学习过程的组织者与协调人，由统治地位逐步后退到扮演学习伙伴的角色来帮助学生。在教学中遵循“资讯、计划、决策、实施、检查、评估”这一完整的“行动”过程序列，教师与学生互动，让学生通过“独立地获取信息、独立地制订计划、独立地实施计划、独立地评估计划”，在自己“动手”的实践中，掌握职业技能、习得专业知识，从而构建属于自己的经验和知识体系。德国双元制的职业教育就是一种以“实践为导向”的教育，注重实践性教学环节，突出职业实践能力的综合培养。理论与实践相结合是德国职业教育中一切教学方法选择、使用和评价的基本点。

行动导向教学主要包括项目教学法、引导文教学法、实验教学法、大脑风暴法、卡片展示法、案例教学法、考察教学法、角色扮演法和模拟仿真教学法等方法，而许多方法又是彼此交叉和相互渗透的，它是当今职业教育的主要教学方式方法。世界各国职业教育界评价它是一种新的课程理念、一种先进的教育观念、一个完整的职业教育模式、一种新的思潮、一个改革的代名词，等等。其教学方法实施的基础是用心加用手加用脑。

从教育思想和教育理念方面分析，模拟教学法是源于行动导向教育思想的一种具体的教学方法。它是行动导向教学法的构成内容之一，是指按照时间发展顺序，在模型的辅助下，按照事情发展的逻辑顺序及其依存关系和相互作用来复制事件的流程（过程）。采用仿真模型（模拟器）来取代真实（原型）。它们被有目的地简化，并按照时间发展顺序，塑造出原型的基本特征和功能关系。模拟仿真教学法通过学生的模拟这一“行动”，达到习得专业知识的这一目标。无疑，“行动”在这里构建成一个框架：在这样一个框架内，“知识系统”不是从外部“输入”的，而是在学生个体内有机生成的，因而在具体的行动情境中，其内化于个体大脑中的有机成分将能很快地从内部“输出”，迅速转换为实用而有效的行动。

模拟教学法有利于学生进行发现学习。在情景模拟中，学生自始至终是活动的主体，他们需要观察、分析和解决问题，需要相互讨论、表达和沟通，需要把书上静止的知识变得活灵活现。在教学中，教师不再仅仅是一个教师，还应是高效的组织管理者、职业操作的教练员、有问必答的咨询师、探索创新的引路人。在教与学的过程中，没有旁观者，只有参与者。为了让学生得到全面的训练，教师通常会分配学生轮流扮演相关的角色，让他们在仿真模拟活动中相互体验不同的角色，具有较强的“交互性”；在模拟活动中，学生（角色）之间通过互动、互补、合作来共同提高团队绩效，具有较强的“协作性”。

9.1.2 模拟仿真教学法的分类

模拟仿真教学法是一种以教学手段（软硬设施）和教学环境为目标导向的行为引导型教学模式。模拟仿真教学可以分为模拟设备教学与模拟情境教学两大类。

①模拟设备教学主要是靠模拟设备作为教学的支撑，其特点是不怕学生因操作失误而产生不良的后果，一旦失误可重新来，而且可以进行单项技能训练，学生在模拟训练中能通过自身反馈感悟正确的要领并及时改正。

②模拟情境教学主要是根据专业学习的要求，模拟一个社会场景，在这些场景中具有与实际相同的功能及工作过程，只有活动是模拟的，让学生在一个现实的社会环境氛围中对自己未来的职业岗位有一个比较具体的、综合性的理解，特别是一些属于行业特有的规范可以得到强化，有利于学生职业素质的全面提高。

模拟仿真教学法在一种人造的情境或环境里学习某职业所需的知识、技能和能力。技术类职业通常在模拟工厂中进行，经济类职业通常在模拟办公室或模拟公司中进行。模拟训练给人一种身临其境的感觉，更重要的是提供了许多重复的机会和随时进行过程评价的可能性，且成本较低。

模拟仿真教学法是利用模型或部分实物，模拟真实的工作状况，让学生实际感受和操作练习，在以教师为导演、学生为主演的模拟实践中，师生互动，使学生在模拟的职业氛围中，学习和掌握职业必需的知识和技能。在实际教学过程中，根据教学内容的不同，模拟仿真教学法又分为演示模拟仿真教学法和操作模拟仿真教学法，当然，更理想的是两种方法的综合运用。

演示模拟仿真教学法是指通过工作实物展示，针对理解和认识性较强的教学内容，模拟或虚拟现实工作情景，让学生展开形象思维，在短时间内提高认识和理解能力的一种课堂教学方法。在教学过程中，教师只对实物内容进行必要的介绍说明，即对实物现象进行引导，不进行理论讲解。然后把重心工作放在学生对实物的分组讨论上，组织引导学生自主学习，独立思维，各抒己见，互相切磋。教师巡视解答学生讨论中提出的各种问题。最终在教师的引导下归纳总结出结论，上升到对方法的理论认识，从而实现教学目的。

操作模拟仿真教学法是针对动手操作性较强的教学内容，运用实物模拟真实的工作状况，让学生按照工作中的每一步骤进行模仿，在反复操作中熟练掌握岗位技能和相关理论知识。

9.1.3 模拟仿真教学法的特点

模拟仿真教学法的特点如表 9－1 所示。

表 9－1　模拟仿真教学法的特点

项目	表现特征
教学内容	与日常生活有关；有一定的使用价值；具有职业实践性和工作过程逻辑性；程序、结构相对复杂，综合性强；动手操作要求较高。
组织形式	教师组织学生开展模拟学习，学习以小组形式进行或个人独立完成。
教学方式	多种教学方式交替运用，以边学边练为主，并不排斥传统的讲授教学方式。
学生	学生是主演，强调自主学习，通过亲身体验，把经验与理论知识相融合，在做中学，在学中乐，多开展讨论，学会总结。
教师	教师是导演，是教学过程的组织者、咨询者，问题的提出者和指导者。
教学要求	要求单个学生或学习小组始终有着系统化的操作方法，可以独立处理个性化的学习问题。
教学评价	强调对模拟学习的反馈，及时进行自我评价和反思。
优点	1. 通过模拟器，可以让时间连续或分阶段步骤按照实时速度加快或者变慢。 2. 时间的控制可以由学生独立手动进行或者模拟器自动（按照输入的数据）来进行。 3. 可以模仿复制出各种危险复杂的情景，来达到学习、测试和实验的目的。 4. 可以组织安排个人独立工作和团队合作。 5. 使用模拟法，学生面对一个贴近实际情况、动态变化的问题，能够积极主动地自己组织安排以下行为：掌握并训练技能；尝试应用所学知识作出决策，解决问题；在时间压力下进行工作；积累经验，有目的地进行实验。 6. 通过观察一段时间内的流程，理解其中的逻辑关系，这是一种探究式的学习（实验）。激发了学生积极性和好奇心，习惯于系统的思考和有计划的行动。
缺点	1. 必须拥有仿真模型（模拟器），并且该设备可供教学使用。 2. 有些模拟器的研发与制造成本很高，需要时间和资源。 3. 进入模拟仿真环境之前需要进行大量的知识、技能等方面的准备工作。

9.2 模拟仿真教学法的教学设计及教学环节

模拟仿真教学法的主要教学结构是：提出问题──→明确任务──→模拟操作──→完成任务──→任务评价。在模拟仿真教学法中，模拟器的使用是关键。实施课堂教学，模拟仿真教学法分以下几个步骤：

9.2.1 进入模拟仿真环境

带学生进入模拟仿真实训室或者计算机房，如条件不具备，也可以对学生进行分组模仿某工作环境，分设不同工作岗位。让学生产生与课堂传统教学不一样的感受，以提升学习兴趣和提高注意力的集中度。

9.2.2 提出学习任务

任务的提出应该具体，不可含糊不清。任务与教学目标不同的地方就在于其具有可操作性，且任务可以细分，可大可小，许多新的任务需结合此前完成的任务进行。布置分配任务，如同在实际工作岗位，应限时完成。

9.2.3 模拟器的认识

模拟器可以是真实物质的功能模型，与原型一致的，如按 1:1 比例制作的飞机模拟器、汽车驾驶模拟器；或缩小版的，如铁轨模型、机器人模型等；也可以是抽象的功能模型，如纸/铅笔模型（paper - pencil - model）；还可以是软件模型，如仿真股票交易系统软件、表格计算、控制程序的监测系统等。

9.3 模拟仿真教学法的运用及意义

9.3.1 模拟仿真教学法的运用

在金融专业的课程设置中，有些专业课如“证券投资”、“银行储蓄业务”、“商业银行经营管理”、“个人投资理财”、“保险”等课程实践性很强，过去采用单一的课堂教学方法，教师教得辛苦，学生学得吃力，而且效果不好。如能采取理论教学和模拟仿真操作相结合，可以在很大程度上克服纯理论教学的缺陷，让学生在一种轻松愉快的过程中进行学习和操作，并能取得很好的教学效果，做到事半功倍。而且，在现代社会经济背景下，运用模拟仿真教学法有了更好的科技条件，计算机、互联网及成熟的应用软件为模拟教学法提供了便捷有效的操作平台，最为典型的就是证券交易模拟操作平台。通过互联网上的模拟证券交易系统，组织学生进行模拟证券投资来进行模拟仿真教学活动。此外，在金融实训室中还可以模拟银行储蓄的柜台业务以及商业银行的经营管理业务。在模拟仿真教学的过程中，学生身临仿真的环境，学习兴趣更容易被激发出来，学习的主动性也更容易被调动起来，真正实现在学中做、在做中学。

在实际教学中，并不应简单排斥传统的课堂讲授，而是应该将多种教学方法有机融合起来。应制订课程教学大纲和实践教学大纲。课堂理论教学制定课程教学大纲，采取课堂讲授、案例教学、分组讨论、专题讲座等方式，强调学生对于基本原理和基础知识的掌握。而实践性教学，则应明确模拟教学的目的，制订实践教学大纲，如制定模拟证券投资的计划方案等，通过仿真模拟，提高学生对理论知识的综合运用。

9.3.2 模拟仿真教学法运用的意义

（1）运用模拟仿真教学法有利于培养学生的综合素质

①有利于培养学生的感知和形象思维能力。由于教学过程接近实际工作的真实场景，学生通过对实物的接触与了解，真实、充分地感受和认知相关知识，完成学习工作的第一步即形象思维阶段，为后续工作打下基础。

②有利于培养学生主动学习、语言表达和共同协作的能力。通过动手操作，调动学生的学习热情和积极性，发挥主动思维和创造性思维的能力，并互相带动和互相启发，形成主动学习

的氛围。在分组讨论中，通过同学间的互相辩论，阐明思路、表达观点和归纳总结，每个学生都可以锻炼语言表达能力。同时，通过密切合作完成任务，锻炼了共同协作和与人共事的能力。

③有利于培养学生的逻辑思维、综合系统分析和归纳总结能力，以及决策和应变能力。在学生从感性认识上升到理性认识的过程中，需要运用逻辑思维，把形象思维经过综合系统地分析，作出决策，最终归纳总结出结论。

④有利于培养学生掌握岗位知识技能。通过模拟仿真教学法的课堂教学，学生如同亲临实际工作现场，从模拟工作实践中学会和增强对实际问题的处理能力，熟悉和掌握工作要领，获得预期的岗位技能。

（2）运用模拟仿真教学法有利于教学改革

①有利于提升教师的素质。运用模拟仿真教学法，要求教师不仅要具备较高的理论知识水平，同时更要具备较高的实践动手操作能力，即“双师”素质。

②有助于教师的备课内容和结构的转变。教师课前不仅要熟知教材中的理论内容，更要精心准备模拟实践的教学资料，给学生构建出最适合本次教学需要的模拟教学的场景和氛围，把学生将要学习的理论知识与实践操作技能充分融合，使学生产生身临其境的感觉。

③有利于形成新型的师生关系。运用模拟仿真教学法，教师不再是课堂的中心，将原有的“教师满堂灌、一言堂”的单向传授式转换成“教师是课堂的导演和策划”，教师的主要精力放在组织引导学生的实践行为和关注学生适应岗位技能上。学生是课堂的中心和主体，大大提高了课堂教学中学生的参与度。学生变被动听讲、记忆为主动研究摸索，形成师生间教学相长的新型师生关系。

④有利于提升学生的学习动力。学生更注重形象思维和亲身实践的感受。通过模拟实践达成共识、得出结论这种通过自身努力所取得的学习成果，给学生带来了发自内心的喜悦和成就感，同时产生“我要学习”的内在动力，激发了主动学习的热情和钻研的积极性。

⑤有利于改善教学效果。原有的课堂教学集中于理论教学，学生大多停留在书本和作业本中。运用模拟仿真教学法，将理论教学融于实践教学中，使学生在做中学、在学中做，既学会了岗位技能，又掌握了理论知识，这正是中等职业教育培养应用型人才的目的。

职业教育的教学是一种“有目标的活动”，即行动，强调“行动即学习”，强调“通过行动来学习”。这里所说的行动，既包括个体的主观意识行动，又包括个体的客观具体行动，即要实现动作行动与心智行动的整合。职业教育的职业属性要求职业教育的教学过程应尽可能与职业的工作过程保持一致性，因而这一整合将“强迫”学习过程依照职业的工作过程展开，以便获得完整的职业行动能力。

实施模拟仿真教学法，可以使专业知识更紧密地与实践相结合，实现两个中心转移：即以课本为中心的讲解过程转变为以情境为中心的演示教学过程，以及以教师为中心的授课过程转变为以学生为中心的模拟操作教学过程。

9.4 模拟仿真教学法在金融事务专业课教学中的应用实例

9.4.1 案例一

（1）教学设计（见表 9－2）

表 9－2　　模拟仿真法教学法教学设计

学　校	××学校		
执　教	××老师	授课班级	财会专业二年级下
教学内容	股市的交易规则 及股票买卖操作	授课时间	2 课时
教材	个人投资理财		

教学对象分析

1. 知识技能：财会专业二年级学生已学过“财政与金融”这门专业基础课，在一定程度上了解证券市场的相关知识点；也掌握了一定的计算机基础知识。
2. 学习能力：财会专业的学生自我约束力较强，但活跃度不够，对上机操作较感兴趣。
3. 学习态度：大部分学生学习态度较为认真，能配合教师开展课堂教学活动，但学习的自主性尚有欠缺，在老师的引导下，有望提升学习知识的兴趣。

教学目标及要求

1. 认知目标：了解并掌握股票市场的交易规则。
2. 能力目标：初步具备独立买卖股票的操作能力。
3. 情感目标：（1）培养独立学习的能力；
   （2）培养合作与沟通的能力；
   （3）培养严谨、细心、诚信的职业素养。

教学方法

模拟仿真教学法、分组讨论法、讲授法、计算机广播教学

教学用具

教材、金融实训室（计算机房）、股票交易模拟软件或网上模拟交易系统、PPT 课件

教学重点、难点和关键点

1. 教学重点：股票交易的交易规则。
2. 教学难点：交易制度和成交规则的理解和掌握。
3. 教学关键点：强调必须掌握规则方可进行交易。

教学过程设计

教学程序	教学内容	教师活动	学生活动
一、任务导入 （5 分钟）	模拟炒股软件介绍； 打开各自的模拟账户（此前已开通网上模拟系统），查看模拟初始启动资金，浏览界面。	简要介绍模拟软件的基本功能，说明本次课将要完成的学习目标。	聆听并阅读相关的说明介绍。
二、知识准备 （8 分钟）	复习已学的相关的股票知识概念。	通过提问等方式回忆复习已学的股票交易的基本概念。	思考并回答相关的股票基本知识。

续表

教学程序	教学内容	教师活动	学生活动
三、活动一 股票交易规则的学习（20分钟）	介绍股票交易的一般规则和交易规则；让学生动手实践、体会。 交易规则： 1. 了解T+0和T+1交易规则。 2. 撮合时间为正常交易日的交易时间。 3. 交易品种为A股、指数基金、封闭基金和权证。 4. 介绍股票交易买卖手续费。 5. 介绍买入和卖出委托及成交规则。	讲授介绍股票交易规则；组织学生分组；学生动手操作时进行巡视指导。	分成若干小组，随着老师授课的程序，动手试操作，逐步了解熟悉交易规则的具体要求。
四、活动一的检验与评价 （12分钟）	提问： 1. 股票交易是T+0还是T+1? 2. 交易品种有哪些? 3. 如何委托与买卖?	通过巡视、提问等方式检查活动一的完成情况。	在本组同学回答问题时，其他组员可以讨论并提供帮助。注意听取老师的点评。
五、活动二 （25分钟）	模拟买入一只股票： 动用自有资金的5%， 小组讨论选股； 计算买入手续费。	通过巡视、个别指导、答疑等方式引领学生进行买入股票的操作，注重操作步骤的准确性。	小组讨论如何选股；模拟操作买入股票的步骤，买入后关注股票的走势；与其他同学比较、交流心得。
六、活动二的检验与评价 （10分钟）	提问：如何买入股票? 各组出一代表，描述模拟买入股票过程，说明买入理由；教师点评。	巡视了解学生选股和买入股票的情况；询问学生选股思路；重点询问了解学生的操作步骤；听取学生汇报，点评有代表性的股票及操作过程。	注意观察、对比其他同学买入的股票，注意聆听同学选股理由和老师的点评。
七、小结 （10分钟）	就重点、难点和普遍性问题进行总结。	比较、归纳总结并指出存在的问题。	以小组为单位，组内总结操作过程中出现的问题及解决方法，自我反思小结，寻找自己的问题所在，提高认识。
八、布置作业	阅读报纸上股票交易的信息；有条件的同学登陆模拟网，回顾当天的操作。	布置作业，提出具体要求。	聆听、记录。

（2）应用分析

本教学设计的教学内容为股票交易的规则及股票买卖的网上模拟操作程序，在股票投资理财中属于非常重要的环节和内容。通过教学过程的实施，即教师讲授、师生互动和学生动手操作，落实预定的知识目标、技能目标和情感目标。教师的教学设计紧紧围绕核心任务展开，在整个教学过程中依据教学内容分解师生活动，让学生有足够的时间动手操作，并留有时间让学生进行讨论，尽可能地调动学生学习的积极性和保持学习的热情，让学生在既严谨又轻松的课堂氛围中“想学”和“乐学”，既做到寓教于乐，又让学生自己通过模拟操作学到必要的新知识。

9.4.2 案例二

（1）教学设计（见表 9－3）

表 9－3　　模拟仿真法教学法教学设计

学　校	××学校		
执　教	××老师	授课班级	财会专业二年级上
教学内容	证券开户业务	授课时间	2 课时（90 分钟）
教　材	《证券投资基础与实务》		

教学对象分析

1. 知识技能：证券开户是投资者进入证券市场的必经步骤，本次实训是希望在金融实训室通过模仿证券公司营业厅的情境，以分组的方式进行证券公司开户仿真操作。
2. 学习能力：由学生根据已掌握的关于证券公司开户流程，将班级学生自主分为若干小组，并对其中的角色进行分配，最后进行仿真操作，再进行角色的轮换操作练习，最后进行组与组之间实训效果的评比，从而达到锻炼实践操作能力和协调沟通能力的双重效果。
3. 学习态度：本次实训弥补了教学内容相对比较抽象的缺陷，通过仿真的实践操作，提高学生的学习兴趣，使学生能够较好地掌握所学的知识。

教学目标及要求

1. 认知目标：熟悉证券公司的开户流程及注意事项。
2. 能力目标：能够独立为新客户提供证券开户、为老客户提供账户挂失及密码修改业务。
3. 情感目标：（1）培养独立学习与操作的能力；
（2）培养合作与沟通的能力；
（3）培养细心、礼貌、诚信的职业素养。

教学方法

模拟仿真教学法、角色扮演法、计算机广播教学

教学用具

教材、金融实训室（计算机房）设备及相关教学软件、PPT 课件

教学重点、难点和关键点

1. 教学重点：证券开户的流程。
2. 教学难点：证券开户过程中的注意事项。
3. 教学关键点：强调审核客户入市资格及其提供资料是否全面的重要性。

教学过程设计

教学程序	教学内容	教师活动	学生活动
一、任务导入（5 分钟）	模拟开户情境； 打开电脑，进行证券开户的仿真操作。	简要介绍证券公司开户岗的工作流程，说明本次实训需达到的学习目标。	主要以听课的方式听老师讲解本次课的教学目的以及实训的相关要求。
二、知识准备（5 分钟）	复习前面所学习的证券开户的相关知识。	以提问或讨论的方式复习证券开户的相关注意事项。	经过讨论后选出代表归纳问题的关键。

续表

教学程序	教学内容	教师活动	学生活动
三、活动一 证券开户流程的学习及分组（20 分钟）	通过学生自己动手的方式，使学生掌握证券开户流程及其注意事项： 1. 审核客户入市资格； 2. 审核客户提交的资料是否齐全：分为自然人开户和法人开户； 3. 审核无误后，办理证券开户手续； 4. 留存客户资料。	以 PPT 的方式向学生展示证券公司的开户流程及注意事项；要求学生汇报分组情况，在必要时对各小组进行适当的调整；在学生操作过程中跟进巡视与指导。	将学生分为分成两个部分，根据开户程序，一部分同学分组担任证券公司工作人员，提供开户服务；另一部分同学充当客户，进行开户业务咨询并要求开户，以达到巩固知识的目的。 进行实践操作，以熟悉开户流程。
四、活动一的检验与评价（12 分钟）	通过提问等方式检查学生完成实训的情况： 1. 由各组选出代表对本组的实训操作进行总结； 2. 由其他组同学根据自身的实训操作情况或观察的结果进行提问； 3. 讨论总结，进行下一步的实训。	主要通过教师巡视、学生总结讨论、组与组之间相互提问及解答的方式检查活动一的完成情况。	由学生进行组与组之间的相互检查，进行评比，最后由老师进行点评，提请下一组同学在实训过程中注意。
五、活动二（20 分钟）	将上述学生进行角色的互换，继续进行仿真操作。	同活动一。	同活动一。
六、活动二的检验与评价（12 分钟）	同活动一。	同活动一。	同活动一。
七、小结（10 分钟）	总结本次开户实训操作，对其中的重点、难点等进一步强调。	根据各组总结的本组实训情况，由教师进行总结性发言，指出实训中存在的问题并提出相应的改进措施。	在老师的总结和引导下，各组再次对实训过程进行总结，发现问题，思考解决方案。
八、布置作业（6 分钟）	请学生再次回顾本次实训操作过程并准备预习下一节课的内容。	布置本节课的作业及下节课的预习作业。	记录。

（2）应用分析

本次课的实训安排是为客户提供证券开户等相关业务与服务，要求学生通过实训掌握证券开户的基本程序。由于中职学生就业主要是以基本的操作岗位为主，能够熟练掌握证券开户等业务是对中职学生的基本要求。通过本次实训教学的安排，以教师课堂讲授、学生动手操作、师生互动总结等多种方式相结合，以教师为主线、学生动手操作为主要实施方法，充分调动了学生的学习积极性，很好地达到预想的教学目标和教学效果。

10 引导文教学法在金融事务专业教学中的应用

10.1 引导文教学法概述

10.1.1 引导文教学法的含义

引导文教学法，又称“引导课文教学法”，是借助预先设计的引导文等教学文件，引导学生独立学习和工作的教学方法。引导文的实质是指教师提供一个书面的、以提问形式出现的任务，并将教学内容、拓展信息用引导文的形式重新编排，形成学习手册，供自主学习使用。老师同时提供完成任务的辅助材料，辅助材料中含有完成任务所需要的提示和必要的专业信息（如专业书籍、网站、学科间的知识链接等资料）。引导文教学法是一个面向实践操作，全面整体的教学方法。通过此方法，学生可对一个复杂的工作流程所需要的知识和技能进行策划和操作。引导文教学法是一种在理论上近乎理想化的、全面系统的能力培养方法。它属于行动导向教学模式中的项目教学法，是对项目教学法的完善与发展。

10.1.2 引导文教学法的特点

①体现了学生为主体、教师为主导的教学理念。该方法的实施，使课堂真正属于学生，学生按照给定的引导问题，自主学习新知识、新技能，在学习中教师及时指导，引导学生达到学习目标，可以极大地调动学生自主学习的积极性。

②有助于培养和提高学生的自学能力、分析问题和解决问题的能力。它的原则是引导学生自主学习，引导文中的任务和问题是根据教学目标设计的，它的实施可以全面提升学生的综合素质。

10.1.3 引导文教学法在金融事务专业教学中的适用性分析

引导文教学法的使用可以使金融事务教学中学生技能与知识有机地结合起来。在银行、保险、证券行业，就业岗位的技能是以执行人对法规知识的理解和应用为前提的。引导文教学，需要学生通过阅读引导文，进一步加深对相关问题的理解，并掌握其中的关键点。引导文教学法最大的优点在于，它在不同学科中架起了一座桥梁，使知识系统化，使理论知识和实践技能有机地结合起来。

10.2 引导文教学法的教学环节

10.2.1 教师的课前准备

（1）确定教学目标

教师必须根据教学课程标准和学生实际，确定通过课堂教学学生要掌握哪些知识，哪些专业能力得到提高，教学目标的实现需要通过什么教学方法可以实现。由教学目标选定引导文教学方法的使用。

（2）引导问题及辅助材料的准备

引导文教学法是一个面向实践操作、全面整体的教学方法，通过此方法学生可对一个复杂的工作流程进行策划和操作。引导问题是引导文教学法的核心，主要适用于岗位技能及理论知识，理论可以用问题也可以用表格。由教师设计引导问题，学生依据所提问题，查询相关资料，寻求合理答案，教师进行辅导。引导问题的形式为填空（知识学习）、单选（简单决策）、多选（复杂决策）、问答（知识拓展）。引导问题是否合理是引导文教学法成败的关键。辅助材料引导句是学生开展学习任务必要和必须的资料及相关辅助材料，如可以上网的计算机，任务完成手册、图标、法律资料、专业书籍，这些资料可以由老师来提供，也可以在老师的帮助下由学生来开发。

10.2.2 教学实施过程

教学实施过程主要是学生为主体、教师为主导的课堂教学过程（见图 10－1）。整个课堂活动以学生为主展开。

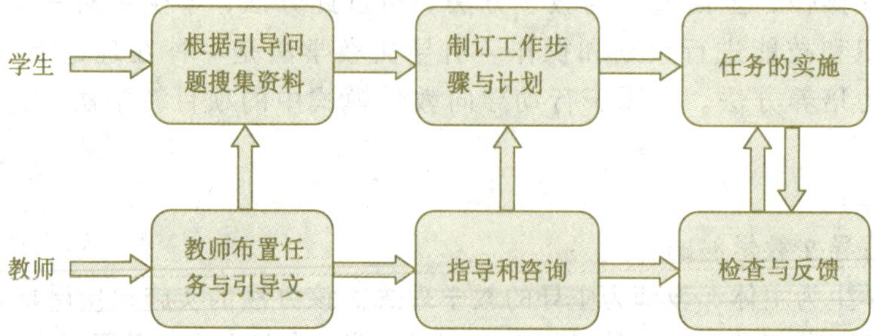

图 10－1　引导文教学法流程图

（1）布置学习任务

学生通过老师的介绍了解学习任务、操作过程和学习目标，教师在介绍学习任务的过程中注意激发学生的学习兴趣。

（2）指导学生制订计划

学生分小组分析引导性问题，并据以制订小组完成任务的计划。计划的制订过程在学生小组讨论的基础上、在老师的咨询与引导下完成。

（3）为学生提供制订学习计划的咨询

老师在学生制订计划的过程中起必要的指导和咨询作用，同时由于课时的限制，老师可以引导学生制订进程相似的计划，以便在实施的过程中，老师指导小组按时完成课堂讨论。由于现在中职生素质普遍不高，学生独立完成的困难较大，教师也可以先让小组讨论制订本小组的计划，再由各小组阐述计划制订情况，然后综合各小组计划的长处，制订学习的统一计划。

（4）任务的实施

学生根据工作计划以小组讨论、实际操作、分角色演练的形式完成。在完成任务的过程中，教师是指导者，老师可巡视，在各小组之间答疑解惑，实现学生“做中学”，老师“做中教”。

（5）检查

在各小组的课堂汇报中，通过各小组介绍自己的工作任务完成情况，选择典型任务成果进行课堂展示，并进行分小组分角色演示，通过检查表打分的形式检查各小组任务完成情况。

10.3 引导文教学法的设计

10.3.1 要重视引导文的设计

引导文教学法由引导问题、工作计划、检查表格、引导句（辅助材料）四部分构成，教师的工作重点集中在引导文的开发和教学的准备、收尾工作上：根据某一教学单元（或教学模块）的培养目标、知识结构和能力构成，在选择或编写适合学生自学教材的同时，更加着力于学生学习过程中的引导问题，即对学习方法、学习途径、学生应具备的知识与能力、评估范围与标准等因素进行研究和探讨，为学生的学习过程制订出切实可行的学习方案。

10.3.2 引导问题设计要清晰

引导文的任务是建立项目工作和它所需要的知识和技能之间的关系，让学生清楚完成任务应该通晓什么知识、具备哪些技能。引导问题的解决过程，就是围绕项目任务所需要的理论知识系统化的过程。因此引导问题设计是引导文教学的核心，引导文内容设计是否合理是引导文教学法成败的关键。对引导性问题要能清晰地表达出来，要能激发学生的学习兴趣，问题的答案不能简单地只用“是”或“否”来回答。

10.3.3 教学辅助材料准备要充分

教学辅助材料是学生进行引导文学习的重要材料，需要教师花大力气进行准备。辅助材料并不等同于教材，它应该是教材的重组、提炼，是相关多门课程的教学渗透，所以教师不但要对所用教材进行认真梳理，还要对学生以往所学知识与本学科知识的关系建立起必要的联系。同时，由于职业教育的发展，新知识、新理论、新技能、新方法不断推出，教师在备课时，要及时搜集、整理这些资料，对课本过时的知识和技能进行修正。比如在案例 2“支票的使用”中，现在支票密码器、银行支票影印设备已经普遍使用，支票防伪系统升级，课本的内容还没有变，这就需要教师在上课时补充这些新知识。

10.4 引导文教学法在专业课教学中的应用实例

金融事务专业中的应用主要分两个案例，案例由浅入深，从简到难，通过案例 1“认识和使用货币”主要是引导文教学法在“金融基础知识”课程的应用，比较简单，主要以金融基础知识为例引导对引导文教学法结构的初步认识；案例 2“票据的使用”则详细地讲述了引导文在《票据规则与票据操作技术》中的具体应用，教师通过该案例可以清楚地了解引导文的构成、引导文教学法教学的步骤、使用过程中对老师的要求、引导文教学法的优点等，便于教师模仿运用。

10.4.1 案例 1：认识和使用货币（引导问题的设计）

【课题】 货币与货币制度。

【教学对象】 金融事务专业一年级学生，第二学期。

【教材分析】

课题选自教材《财政金融基础》[①]，第五模块“金融概述”中的单元2：货币与货币制度。金融是现代经济的核心，包括相互统一的货币、信用和金融机构，而后两者的产生是与货币的产生和发展密切相关的；金融是指货币资金的融通，融通的对象主要是货币，所以对货币与货币制度的认识和理解就成为本模块学习的重点，也是进一步学习其他金融知识的基础。该部分教材理论性强，如果单纯采用老师讲、学生听的“满堂灌”的教学形式，学生容易陷入听不懂进而昏昏欲睡的状态。在备课中我们发现，有很多资源可以利用，比如，在货币的产生和币材发展过程中有许多有趣的故事，同时货币与每个人的日常生活息息相关，有不少反映对待金钱的影视作品，在我们日常使用货币的过程遇到假币如何处理，为什么现在各国都使用纸币等等。采用引导文教学法，可以引导学生通过自己查找资料和利用老师的辅助材料回答老师提出的引导性问题，使枯燥的理论知识鲜活起来，能更好地实现教学目标。

【教学目标】

①认知领域目标：本模块的学习，使学生了解货币产生、货币形式演变的历史，理解货币的职能，掌握货币制度的内容。

②情感领域：通过学习货币产生、货币形式的演变，教育学生正确地认识货币、金钱在人们生活中的作用。

③行为领域：学会识别不同金额人民币的假币；理解商品交换经过物物交换到以货币为媒介的交换四个阶段，培养学生通过现象看本质的能力。

【教学过程】

（1）引导问题设计

①请搜集目前世界上6个国家的货币图片，指出货币名称、货币单位及和人民币的兑换比率，并填表（表10-1）。

表10-1　　引导文教学法引导问题设计

国家名称	货币名称		货币单位及货币符号	兑换比率（查询近一周的某一天）	辅币进位制
	中文	英文			
（例）中国	人民币元	Renminbi Yuan	元 CNY		1CNY = 10 jao（角） 1 jao = 10 fen（分）

②请写出你一天生活花费的“钱”有多少？

③请写出10个带“贝”字偏旁的汉字，并说明为什么？

④讲讲你所查到的关于货币的奇闻趣事。

⑤搜集黄金的资料，介绍黄金的历史。

① 《财政金融基础》，中职教材，机械工业出版社出版。

⑥阅读下面的故事，故事说明了什么问题？说说货币的历史。

故事：一位欧洲旅行家在非洲野蛮部落想雇一条小船到另一个地方去。但船的主人要他用象牙付账才肯将船出租。经过打听，他得知有个叫沙里布的人有象牙，沙里布愿意用象牙交换呢料；他又打听到有呢料的人想用呢料换针，幸亏这位旅行家带有铜针，于是他就用铜针换来呢料，接着又用呢料换来沙里布的象牙，最后再把象牙付给船主。经过这样一番周折，他才取得了使用小船的权利。

⑦给货币下定义传统定义、现代定义。

⑧将表 10－2 填写完整，并说说货币材料的演变。

表 10－2　　货币材料演变历程

货币币材发展的历史	货币币材	货币材料的特点	
实物货币			
金属货币			
代用货币			
信用货币			
电子货币			

⑨描述货币的职能（见表 10－3）。

表 10－3　　货 币 的 职 能

货币的职能	货币职能的定义	货币职能的特点	货币职能的发挥
价值尺度			
流通手段			
支付手段			
储藏手段			
世界货币			

⑩分析下列现象中货币分别执行什么职能：

- 这件衣服值 300 元人民币。
- 我在银行存了 1 万元钱。
- 张明花 500 元买了一双鞋子。
- 截止到 2006 年，我国的外汇储备已将近 1 万亿美元。
- 我借王伟的 5000 元已经还了。
- 李莉领取一月份工资 3500 元。

⑪货币制度。见表 10－4。

表 10－4　　货　币　制　度

货币制度		概念	特点	时间分配
货币制度的概念				
货币制度的内容	货币币材			
	货币单位			
	本位币及辅币			
货币制度的历史		概念	特点	存在国家及时间
金属货币制　度	银本位制			
	金银复本位制			
	金本位制			
纸币制度				

⑫当今世界普遍使用的货币是什么，面对层出不穷的假币，说说如何识别假人民币。

⑬当你收到假币时，你应如何处理？应当怎样看待误收假币后企图用出去的现象。

⑭各小组班级汇报。

（2）学生为完成任务制订计划

根据①～⑬的问题，选择其中你喜欢的 1～2 主题制作学习过程的幻灯片，并分小组派代表在全班汇报小组的学习过程。

（3）检查

（4）教师提供的辅助材料

①教材的总结、提炼和重组资料；

②准备假币票样；

③有关货币历史的资料；

④世界各国货币图片网站；

⑤黄金知识资料。

【教学设计表】

表 10－5　　引导文教学法教学设计表

学　　校	××学校		
执　　教	××老师	授课班级	金融事务专业一年级下学期
课　　题	认识和使用货币	授课时间	3 课时
使用教材	《财政金融基础》		
教学对象分析	该门课的授课对象为金融事务专业二年级学生，学生已经学习完《经济政治》、《经济法》，进入专业课学习阶段。		
教学内容分析	见前述分析		

续表

教学目标	本课题教学目标应该为两个单元教学目标。 (1) 认知领域目标：本模块的学习，使学生了解货币产生、货币形式演变的历史，理解货币的职能，掌握货币制度的内容； (2) 情感领域：通过学习货币产生、货币形式的演变，教育学生正确的认识货币、金钱在人们生活中的作用。 (3) 行为领域：学会识别不同金额人民假币；理解商品交换经过物物交换到以货币为媒介的交换四个阶段，培养学生通过现象看本质的能力。
教学重点	货币形式的演变、货币制度的内容
教学难点	货币本质的认识、假币的识别
教学媒体选择与教学环境的创设	本课题的学习最好在装有多媒体的金融实训室，有多媒体设备的普通教室，也可以。学生按 5~7人分成教学小组，学生将课桌重新排列，成长方形或椭圆形，便于小组讨论。
教学方法	引导文教学法、小组讨论法

教学过程设计

教学程序	教学内容	教师教学意图与活动	学生活动
一、活动任务导入 (15 分钟)	(1) 视频“欧也妮·葛朗台”片段，引出货币的话题 (2) 以你一天的生活、学习为例，谈谈货币的重要作用。	由视频用 5 分钟讨论创设情景，说明本次课将要完成的学习目标：认识和使用货币	学生观看视频、进行讨论
二、活动一 (10 分钟)	提出引导问题，给出辅助材料	组织学生进行小组分工，通过咨询组织和引导学生开展各项学习活动	各小组根据材料，制定学习计划
三、活动二 (65 分钟)	学生根据引导文，解决引导问题，完成学习任务	在小组学习过程中，老师通过巡视，跟踪学生学习情况，进行个别指导，答疑解惑，及时反馈。	学生按小组查阅资料，随着老师授课的程序，动手试操作，逐步了解
四、活动三 检验与评价 (30 分钟)	每组将自己完成任务的课业进行展示讲解。	教师根据事先设计的教学评价表、各小组的完成情况进行评价记录，必要时可让讲解同学解释。	小组指定代表上台介绍本组完成任务情况，其他同学听，可以提出质疑。
五、活动四 教师评价与反馈 (10 分钟)	教师综合分析并公布正确答案、各小组最后得分。	教师综合分析并公布正确答案、各小组最后得分。	各小组倾听老师点评，对自己完成情况进行反思，提出今后努力方向。
六、课堂小结 (5 分钟)	就重点、难点和普遍性问题进行总结	比较、归纳总结并指出存在的问题	以小组为单位，组内总结操作过程中出现的问题及解决方法，自我反思小结，寻找自己的问题所在，提升认识
七、布置作业 (5 分钟)	预习	布置作业，提出具体要求	学生聆听、记录

【实施过程说明】

对于货币的认识和使用及货币制度，主要以知识学习为主，故在进行引导文教学法的应用过程中主要通过设计引导性问题，提供关于货币的丰富的辅助材料，学生通过自学教材内容和老师提供的资料，小组讨论，回答完成引导文问题①~⑬。在此基础上，将学习过程及成果制作成幻灯片，完成问题⑭，此过程是制订计划并完成计划的过程。各小组班级汇报，就完成了引导文的教学过程。在学生分小组完成任务的过程中老师通过在旁边指导、参与小组讨论、重点问题全班讨论的形式完成引导文教学法的实施。

10.4.2 案例2：票据的使用

【课题】 学习票据的知识与支票的使用。

【教材】《票据规则与票据操作技术》①。

【课时计划】 16~18课时。

【教学对象】 学生已经学习完“经济政治”、“经济法”、“金融基础知识”。

【教材分析】

课题覆盖与教学方法分析：包括两个模块四个项目的学习。具体来看，模块一主要包括票据的基本知识，实际上这一部分知识在学校开设的“经济法”课程里已经学过，在此可以将两门课的有关知识有机地联系起来，模块二主要包括支票规则与操作技术，即支票的具体操作流程和相关的技术，这些在学生的会计课程里也有涉及。作为金融事务专业毕业的学生，面临的就业岗位可能是银行柜员岗位，很多也是金融类各个企业从事出纳或会计的工作，这些岗位都涉及票据的知识和各种票据的操作。这些知识在不同的课程里以不同的知识点、技能点出现，是分散的、零碎的。通过引导文教学法，以学生毕业面临的银行柜员岗位和企事业单位出纳或会计岗位为载体，帮助学生将这两个岗位所需要的知识与技能之间的内在联系建立起来，培养学生独立提出问题、解决问题等自主学习的能力。

【教学目标】

本课题是对单元教学的完整设计，教学目标为单元教学目标。

①认知领域：学生通过查找资料和阅读教师提供的辅助材料，能理解票据的概念，了解我国票据的种类；理解票据的特征和功能；理解票据行为的概念和分类，掌握票据行为与票据当事人的关系；能准确掌握票据填写的规则；能理解和掌握票据结算的基本规定。

②情感领域：培养在工作中认真仔细和严谨的工作作风；遵守财经纪律、恪守职业道德，树立风险防范意识。

③行为领域：能准确填写现金支票和转账支票，企业出纳实训能准确快速完成现金支票和转账支票的业务流程操作；银行柜员实训能准确识别票据的真伪，并快速准确地办理支票的结算业务。

【教学过程实施】

引言：金融事务专业的学生无论以后去银行从事柜员工作还是去企业从事会计、出纳或是从事其他工作，都经常要面对支票的使用。如：企业出纳从银行提取备用金，要填写现金

---

① 《票据规则与票据操作技术》，机械工业出版社出版。

支票；企业出纳用转账支票向客户支付货款、接受其他企业签发的转账支票收款；银行柜员处理支票提款及转账等结算业务；转账支票的转让。

布置本期任务：支票的使用。

①2011 年 1 月 9 日，北京宏达公司（开户银行是光大银行石景山支行）需要购进一批服装，派采购员前往北京八方通公司采购。经过洽谈，宏达公司购买了 500 套女装，总价为 205000 元，两天后服装运到，验货后宏达公司签发了一张光大银行的金额为 205000 元的转账支票，交付给八方通公司，八方通公司通过其开户银行中国工商银行翠微路营业部结清了货款。另外，2011 年 1 月 1 日，宏达公司从光大银行石景山支行购买了一本转账支票。

- 模拟宏达公司出纳从购买转账支票到支付货款进行转账支票操作的整个过程，并画出支票流程图。
- 模拟持票人开户行和出票人开户行的银行账务处理。
- 模拟宏大公司和八方通公司的账务处理。
- 分角色进行票据的整个传递过程。

说明：教师在辅助材料的提供中仅仅提供案例，后面的模拟问题引导学生根据案例小组讨论设计。

②宏达公司出纳收到客户威力公司的一张转账支票，金额为 10 万元人民币，但收款人不是宏达公司，而是威力公司。请问，该支票应如何操作，款项才可进入宏达公司账户？

【教学辅助材料】

①教材《票据规则与票据操作技术》；

②支票领购单、现金支票、转账支票及各种票据的票样（最好 10 种以上）；

③《中华人民共和国票据法》、《支付结算办法》法律文本（可网上下载，每个小组一份）；

④银行支票中的票据行为法律解释；

⑤准备支票的空白票样、粘单票供学生操作使用；

⑥提供相关的网址，指导学生去网上查找资料：

http：//www. chinacp. com. cn/（中国票据网）

http：//www. accook. com/（中国承兑票据网）

http：//www. zgpjlm. com. cn/（中国票据联盟）

⑦物品：支票密码器、模拟印章；

⑧支票密码器的使用规则。

第一步，提出引导问题

（1）请在下列的问题中选出对于支票使用中最重要的信息：

①支票的当事人。

②《中华人民共和国票据法》、《支付结算办法》等法律文件对票据的规范要求。

③支票的背书转让规则。

④支票的传递流程。

（2）补充填写：

票据通常有广义和狭义之分，广义的票据泛指商业活动中的各种________和________，是在________或________商品流动中为体现债权债务的发生、转移和偿付而使用的一种________；狭义的票据，是指《________》所定义的票据，是由________________签发的，约定由________或__________于见票时或者确定的日期，向持票人无条件支付一定金额的，可流通转让的有价证券；支票属于________________。

《票据法》所称的“票据”是指______________、______________和__________。

支票是__________签发的，委托______________________________在__________时，__________支付确定金额给__________或________的票据。

(3) 根据《票据法》和《支付结算办法》的规定，签发支票必须记载的事项包括：

①________________；

②__________________________；

③________________；

④__________________________；

⑤________________；

⑥__________________________。

(4) 请将下列的票据进行分类填写在表10－6内（教师准备各类票据的票样，要求学生进行分类）：

提货单　存单　股票　债券　车船票　借据　发票

表10－6　票据分类表

票据类别	票据的名称	票据的概念	
广义的票据			
狭义的票据			

(5) 什么是票据的付款请求权、追索权、票据的无因性原理？（教师注意引导学生理解票据的特征中最重要的几点；见附注案例）

(6) 票据行为包括哪几种？支票的票据行为包含哪几种？以下列支票票样为例，指出具体的票据行为。（小组讨论，班级汇报）

(7) 票据关系的当事人有哪些？以下列实际的支票票样为例，指出票据的当事人，并在小组内讨论哪些是基本当事人，哪些是非基本当事人？（小组讨论，班级汇报）

(8) 票据填写的规则有哪些？

①写出票据填写的规则；

②根据(1)～(7)的引导问题设计支票使用的案例，并根据案例进行支票票样的填写练习。

(9) 票据结算的基本规定：

①写出票据签发的规定；

②写出票据背书的基本规定。

(10) 列出支票的种类。

(11) 写出支票结算的特点。

(12) 根据提供的支票范例完成下列问题：

①根据支票的范例指出支票的记载事项，并指出哪些是支票的必载事项（可列表）；

②写出支票结算的规则；

③画出支票的流转程序图并分小组在课堂介绍。

（13）将转账支票的操作过程填写在表 10－7 中。并根据案例进行票据操作过程的练习。

表 10－7　　转账支票操作过程

操作流程	操作要求	注意方面
购买转账支票		
签发转账支票（如何使用密码器）		
持票人提示付款		
持票开户人银行的处理		
出票人开户银行的处理		

（14）请将现金支票的操作过程填写在表 10－8 中。

表 10－8　　现金支票操作过程

操作流程	操作要求	注意方面
购买现金支票		
签发现金支票（如何使用密码器）		
收款人提示付款		
银行接票及审核		
银行账务处理		

（15）在背书转让方面，现金支票和转账支票有何不同？

（16）下列案例中转账支票应如何背书？并根据票样和粘单票样进行实际操作练习。

第二步，各学习小组制订工作计划

（1）分小组制订计划、并根据引导问题完成支票的使用操作任务。

要求：根据（1）～（14）的引导问题设计支票使用的案例，并根据案例进行支票票样的填写，学习并掌握支票使用的任务。要求两个角度：企业角度、银行柜员角度。

小组 A 工作计划（举例）

①任务概括介绍（书面写出，见表 10－9）

表 10－9　　任 务 进 度 表

项　目		成员及分工	形　式	时间分配		
完成任务总体介绍						
完成任务过程计划	分小组					
	案例设计					
完成计划总体评价						

②小组成员及学习形式。本小组成员共四人，通过研读教材和老师提供资料、上网查找、小组讨论及与老师共同探讨学习票据的知识。

③根据引导问题设计的工作流程及时间计划：

i. 根据资料和课本，学习《票据法》关于票据的基本知识和支票的相关知识，完成引导问题（1）~（5）；（2 课时）

ii. 根据案例，完成引导问题（4）~（6）；（先小组模拟，再班级展示，2 课时）

iii. 根据老师给出的票样，指出票据填写的错误之处，讨论票据填写规则及注意事项；根据空白票样，进行票据填写练习。完成引导问题（7）~（12）。（1 课时）

iv. 写出支票的操作过程，画出支票的流转程序图，并根据案例分角色扮演。

v. 根据案例进行转账支票的背书练习并分角色进行演练。

第三步　实施

各组通过自学课本、阅读教学辅助材料、查阅信息执行并完成计划。

第四步　检查（见表 10－10）

表 10－10　　小组检查表

项　目		小组自我评价	老师评价	其他小组评价		
				A	B	C
完成任务总体介绍						
小组优秀课业展示						
分角色完成任务汇报	知识掌握					
	岗位技能规范					
	案例设计					
	小组成员礼仪					
完成计划总体评价						

（1）各组将完成任务的情况进行班级展示。

（2）各小组派一名代表，进行本小组任务完成的说明。

（3）根据检查表检查和评价各组的工作任务完成情况。

【应用分析】

（1）“支票的使用”引导文教学法具体实施步骤的说明

①介绍学习任务。学生通过老师的介绍了解学习任务、操作过程和学习目标，教师在介绍学习任务的过程中注意激发学生的学习兴趣。“支票的使用”是金融事务专业学生在将来的工作中最常见的工作内容，老师可以学生将来从事的工作为例，拿出一个空白的支票票样提出问题：“假如你是一个银行柜员，面对客户递过来的支票，你如何判断客户票据的填写的规范性与票据的真实性？”或“如果你是企业的出纳，请你说说如何使用支票？”运用启发的方法引起学生学习的兴趣。

②指导学生制订计划。学生分小组分析引导性问题，并据以制订小组完成任务的计划。计划的制订过程在学生小组讨论的基础上、在老师的咨询与引导下完成。

③任务的实施。学生根据工作计划以小组讨论、实际操作、分角色演练的形式完成。在完成任务的过程中，教师是指导者。老师可巡视在各小组之间答疑解惑，实现学生“做中

学”，老师在“做中教”。

④检查。在各小组的课堂汇报中，通过各小组介绍自己的工作任务完成情况，选择典型任务成果进行课堂展示，并进行分小组分角色演示，通过检查表打分的形式检查各小组任务完成的情况。

（2）引导文教学法在金融事务专业教学应用过程中应注意的问题

①教学法对老师的要求。教师备课量加大。为了应用引导文教学法，围绕学生要掌握的知识和技能，教师需要付出很多的时间和精力对教材进行分析、重组。由于现有的教材学科体系比较明显，必要时教师需要对几门功课所涉及的岗位知识和技能进行加工，同时查阅资料、补充课本知识的不足，咨询企业岗位骨干、下企业考察实践，使学生的技能训练更接近于岗位的实际操作过程的要求。比如，在“支票的使用”课程教学中，老师要将两个教师备课量加大，在教学中同时扮演指导者和咨询师的角色。传统的课堂教学以老师讲，学生听、记为主，课堂是老师的主战场，从头讲到尾。在引导文教学法中，教师只起指导者的作用。

②引导文教学法对学生的要求。教学法要求学生能够独立工作，有较高的自学能力，可以根据老师的引导问题完成教学任务和目标。引导文教学法对学生素质要求较高。

【教学设计表】（参见表 10－11）

表 10－11　　引导文教学法教学设计

学　校	××学校		
执　教	××老师	授课班级	金融事务专业二年级
课　题	支票的使用	授课时间	4 课时
使用教材	《票据规则与票据操作技术》		
教学对象分析	该门课的授课对象为金融事务专业二年级学生，学生已经学习完“经济政治”、“经济法”、“金融基础知识”，进入专业课学习阶段，对票据的分类、规则已经了解和掌握。		
教学内容分析	课题覆盖与教学方法分析：包括两个模块四个项目的学习，具体来看。模块一：票据基本规则。主要是票据的基本知识，实际上这一部分知识在学校开设的“经济法”课程里已经学过，在此可以将两门课的有关知识有机地联系起来。模块二：支票规则与操作技术。主要是支票的具体操作流程和相关的技术，在学生的会计课程里也已涉及，作为金融事务专业毕业的学生，面临的就业岗位可能是银行柜员岗位，很多也将在金融类各个企业从事出纳或会计的工作，这些岗位都涉及票据的知识和各种票据的操作。这些知识在不同的课程里以不同的知识点、技能点出现，是分散的、零碎的，通过引导文教学法，以学生毕业面临的银行柜员岗位和企事业单位出纳或会计岗位为载体，帮助学生将这两个岗位所需要的知识与技能之间的内在联系建立起来。培养学生独立提出问题、解决问题等自主学习的能力。		
教学目标	本课题是对单元教学的完整设计，教学目标为单元教学目标。 （1）认知领域：学生通过查找资料和阅读教师提供的辅助材料，能理解票据的概念，了解我国票据的种类；理解票据的特征和功能；理解票据行为的概念和分类，掌握票据行为与票据当事人的关系；能准确掌握票据填写的规则；能理解和掌握票据结算的基本规定。 （2）情感领域：培养在工作中认真仔细和严谨的工作作风；遵守财经纪律、恪守职业道德，树立风险防范意识。 （3）行为领域：能准确填写现金支票和转账支票，企业出纳实训能准确快速地完成现金支票和转账支票的业务流程操作；银行柜员实训能准确识别票据的真伪，并快速准确地办理支票的结算业务。		

续表

教学重点	企事业单位出纳对票据的使用；银行柜员对票据结算业务的处理。
教学难点	票据使用的规则、票据的背书和转让规则。
教学媒体选择与教学环境的创设	本课题的学习最好在配有多媒体的金融实训室，有多媒体设备的普通教室也可以。学生按5～7人分成教学小组，学生将课桌重新排列，成长方形或椭圆形，便于小组讨论。
教学方法	引导文教学法、小组讨论法。

教学过程设计

教学程序	教学内容	教师教学意图与活动	学生活动
一、任务导入 (5分钟)	布置支票使用的学习任务。	简要介绍支票在岗位工作中的使用，创设情景，说明本次课将要完成的学习目标。	聆听并阅读相关的说明介绍。
二、活动一 (15分钟)	提出引导问题，给出辅助材料。	组织学生进行小组分工，通过咨询、组织和引导学生开展各项学习活动。	各小组根据材料，制订学习计划。
三、活动二 (1～2课时)	学生根据引导文，解决引导问题，完成学习任务。	在小组学习过程中，老师通过巡视，跟踪学生学习情况，进行个别指导，答疑解惑，及时反馈。	学生按小组查阅资料，随着老师授课的程序，动手试操作，逐步了解。
四、活动三 检验与评价 (2课时)	每组将自己完成任务的课业进行展示讲解。	教师根据事先设计的教学评价表，各小组的完成情况进行评价记录，必要时可让讲解同学解释。	小组指定代表上台介绍本组完成任务情况，其他同学听，可以提出质疑。
五、活动四 教师评价与反馈 (25分钟)	教师综合分析并公布正确答案，各小组最后得分。	教师综合分析并公布正确答案，各小组最后得分。	各小组倾听老师点评，对自己完成情况进行反思，提出今后努力方向。
六、课堂小结 (10分钟)	就重点、难点和普遍性问题进行总结。	比较、归纳总结并指出存在的问题。	以小组为单位，组内总结操作过程中出现的问题及解决方法，自我反思小结，寻找自己的问题所在，提升认识。
七、布置作业	写一份学习小结。	布置作业，提出具体要求。	学生聆听、记录。

参考文献

[1] 石伟平、徐国庆："以就业为导向的中等职业教育教学改革理论探索"，《中国职业技术教育》，2008 年第 11 期。

[2] 邓泽民、赵沛：《职业教育教学设计》，中国铁道出版社 2006 年版。

[3] 邓泽民、王宽：《现代四大职教模式》，中国铁道出版社 2006 年版。

[4] 石伟平：《时代特征与职业教育创新》，上海教育出版社 2006 年版。

[5] 邓泽民、侯金柱：《职业教育教材设计》，中国铁道出版社 2006 年版。

[6] 皮连生：《教育心理学》（第三版），上海教育出版社 2007 年版。

[7] 叶一驼：《心理学教程》，厦门大学出版社 1995 年版。

[8] 马建富：《职业教育学》，华东师大出版社 2008 年版。

[9] 彭元：《高技能人才培养模式的理论与实践》，科学出版社，2008 年 9 月。

[10] 余祖光、姜大源等：《历史与现状——德国双元制职业教育》，经济科学出版社 1998 年版。

[11] 赵志群：《职业教育与培训学习新概念》，科学出版社。

[12] 章振周、唐成棉："职业教育任务驱动课程模式的建构"，《职教论坛》，2008 年第 16 期。

[13] 孙玉明："任务驱动教学法探讨与实践"，《湖南科技学院学报》，2008 年第 6 期。

[14] 徐国庆："项目课程开发的核心技术"，《职教论坛》，2005 年第 21 期。

[15] 梁红：计算机"任务驱动"教学法的运用原则，《广西教育》，2007 年第 25 期。

[16] 杨万河：浅议计算机"任务"驱动教学法，《琼州学院学报》，2008 年第 1 期。

[17] 徐肇杰："任务驱动教学法与项目教学法之比较"，《职业与教育》，2008 年第 11 期。

[18] 蔡宝兰：《银行柜面业务处理》，电子工业出版社，2009 年版。

[19] 王雪：《现代培训理论》，中共中央党校出版社 2004 年版。

[20] 张家辉："论案例教学的本质与特点"，《中国教育学刊》，2009 年第 1 期。

[21] 张力："案例教学初探"，《成人高教学刊》，2009 年第 6 期。

[22] 刘贵融："对高职高专案例教学法的探析"，《吉林省经济管理干部学院学报》，2009 年第 8 期。

[23] 王玉斌："企业管理方法"，《科技信息》，2007 年第 20 期。

[24] 翁先文："理论教学与案例教学问题的探讨"，《安徽科教文汇》，2008 年第 9 期。

[25] 张英华、凌培全：《案例教学法创新研究与应用》，中国经济科学出版社 2009 年版。

[26] 史振华、卢燕平：“论案例教学法在国际商务课程教学中的应用”，《商场现代化》，2009 年第 7 期。

[27] 王纪中等：“案例教学法应用初探”，《辽宁农业职业技术学院学报》，2008 年第 3 期。

[28] 扬树新：“案例教学法初探”，《新疆大学学报》，2009 年第 1 期。

[29] 王明峰：“实施案例教学法　培养创新人才”，《新疆教育学院学报》，2010 年第 3 期。

[30] 王乐民：“案例教学法的优劣分析与比较”，《福建教育学院学报》，2009 年第 4 期。

[31] 段琳：《会计教学论》，中国财政经济出版社 2001 年版。

[32] 陈李翔：《能力．课程．资格》，中国劳动社会保障出版社 2008 年版。

[33] 刘文社：“采用仿真模拟方法，创新实训教学模式”，《西安欧亚学院学报》，2006 年第 4 期。

[34] 姜大源：《职业教育学新论》，教育科学出版社 2007 年版。

[35] 张莹：“浅谈高职院校的项目教学模式”，《江苏高教》，2008 年第 1 期。

[36] 程少伟：“谈行为引导教学法之项目教学法应用”，《职业教育研究》，2005 年第 11 期。

[37] 王金玲：《银行客户服务技巧运用》，华东师范大学出版社 2008 年版。

[38] 何冯虚、张丽娟：《票据规则与票据操作技术》，机械工业出版社 2008 年版。

[39] 马蔚华、赖丹声：《银行个人业务营销技巧》，清华大学出版社 2008 年版。

[40] 李嘉珊、周丽新：《国际金融礼仪教程》，中国人民大学出版社 2007 年版。

[41] 邵瑞庆、曹惠民、张维宾：《会计教学法研究》，立信会计出版社 2007 年版。